ガンジー

ガンジー

● 人と思想

坂本 徳松 著

28

CenturyBooks 清水書院

序　文

第四冊めの『ガンジー』

私としては、第四冊めになる『ガンジー』をようやく書き終えた。本来ならば一年ほど前に刊行される予定が、時勢の急激な発展にともなう私自身の忙しさのためにおくれてしまったのだが、ガンジー生誕《せいたん》百年記念の年に出版されることになったのは、不幸中の幸いともいうべきであろうか。

個人的な気持ちをここで述べさせていただけば、今から二十五年、つまり四分の一世紀前に初めて書いた『ガンジー』では、いわばガンジーその人に体当たりで向かっていくほかなかった。と同時に、ガンジーを知ることは、インドを知ることだということに、初めてこのとき気がついた。この考えはいまも変わらない。

第二冊めの『ガンジー』では、インドとガンジーということでなく、ガンジーの思想や行動の方法論ともいうべきことに重心が移った。ここで気がついたことの一つは、ガンジーの人間形成が、インド人契約労働者（クーリー）の人権擁護のたたかいに明け暮れた、苦難の南アフリカ時代に行なわれている、ということであった。同じ植民地である祖国インドを「一つの全体として」見るガンジーの目は、この生活のなかで鍛えられたのであった。

第三冊めの『ガンジー』では、私はひそかにガンジーをのりこえたい、という気持ちに駆《か》られ、批判的角度をある程度は試みようとした。しかし、それは果たせなかった。

第四冊めのこの本では、第三冊めのときの延長線上で、ガンジーを批判し、新しい展望をそのうえにきずきあげたいと考えた。しかし、それも十分果たせなかった。その後のインドおよびアジア・アフリカ世界の情勢が、ガンジーのたっていた時点をはるかにこえてすすんでいることはいうまでもないが、ガンジーを完全にのりこえることは、必ずしも容易でない。私自身、ガンジーへの関心を通じて、インドおよびアジア（アフリカ）への目をひらかれた点が多いので、なおのことこえがたいのかもしれない。

助走をできるだけ長くし、踏み切りに決意をこめて跳躍しても、バーはカタリと音をたてて足にふれるのである。ほんとうに自分自身に打ちかつ精神と行動がなければ、ガンジーを完全にのりこえることは不可能であろう。

ガンジーから学ぶべきもの

多くの批判すべきものが前にありながら、なお学ぶべき点がガンジーにはある。インド独立途上におけるガンジーの役割には、多くの批判さるべき妥協や後退や、ときには政治的取り引きさえあると同時に、あのガンジー的・インド的方法からは、学んでよく消化し、活用すべき点がある。「反面教師」ということばさえあるではないか。

たとえば、断食《だんじき》を「内部をみる目」として「内面の声」（真理）に耳をかたむけ、真理にのみ忠誠であろうとした誠実さと謙虚さ、また、何よりも「部分」ではなく、「全体」を考えていこうとした大衆路線。インド農民はガンジーによって初めて政治的舞台に登場したのである。

また、ヒンズー教徒と回教徒の融和を願い、いわば宗教を「私事」として、民族や国家の統一に献身した努力。さらに「底から上へ向けてはたらきかける」という奉仕の態度。そのためには、インド最低の生活者ハリジャンの向上が、ガンジーにとって生涯《しょうがい》の仕事となったのである。

さらに、人に呼びかけ、かりそめにも人を「指導」しようとする人たちは、その人自身が純粋で潔白でなければならない、という自己抑制の態度。これらはとうてい真似《まね》しようとしてもできることではない。

よほどの助走と踏み切りがなければ、このバーは飛び越せないのである。それを真似するのでなく、学びとることで、自分自身の跳躍力をつける以外に手だてはないのかもしれない。

ガンジーを批判すること

しかし、ガンジーは、尊敬すると同時になおかつ批判すべき立像として、私たちの前にある。ガンジーの場合の「非暴力」には、ガンジー的・インド的意味があったとしても、これがそのまま、いつでも、どこでも通用する方法であるかどうかは大きな問題である。今、「暴力」の意義が改めて問われていると同じような意味で「非暴力」は大いに問われねばならない。

また、ガンジーは、ハリジャンのため献身したが、カースト制度そのものについては批判的でなく、あるときはこれを肯定し、少なくともハリジャン廃止のようには、カースト破壊に手をつけなかった。これは

「一つの全体として」のインドの調和を考えたことからきたのであろう。これは不十分であり、不徹底であり、誤りである。

ガンジーは、村落をインドと考え、農民をインドの実体と思い、村から吹いてくる風に心を配った。しかし、それは農民一般であり、村落一般であり、都市をも村落とする考えであった。今、中国では毛沢東主席が労働者とともに、貧農と下層中農に重点をおいた改革をすすめている。

インドでも、否、慢性的な飢餓に悩むインドでは、なおさら農業や農民の階級構成を重視し、そこに改革と建設のエネルギーを見いだすことが重要である。

インドを、インドの農村をあれだけ歩いたガンジーも、そこまでは考え及ばなかった。「民族に強く、階級に弱い」のは、ガンジーの欠陥である。この本で、私自身十分に果たせなかったのであるが、とくに「ガンジー批判のための一章」を最後に掲げたのは、そのためである。ガンジーをのりこえていくことは、若い人たちの大きな課題である。

ともあれ、ガンジー生誕百年がインド独立二十二年の時点で記念されている。「無言の民衆の心のなかに出現する神」、あるいは「パンや仕事や賃金のかたちで出現する神」を信じたガンジーを記念するには、上から下へ向けてではなく、「底から上へ向けて」声なき民衆の心のなかのガンジーを求め、見いだし、その精神にふれることが何より大事であろう。そのための一助となれば、第四冊めの『ガンジー』も、貧者の一燈としての存在意義が認められるかもしれない。

本書に収めた写真の大部分を提供していただいた東洋大学教授大類純、インド大使館、その他インド関係同学の諸氏に心から謝意を表したい。

一九六九年三月二十六日

坂本徳松

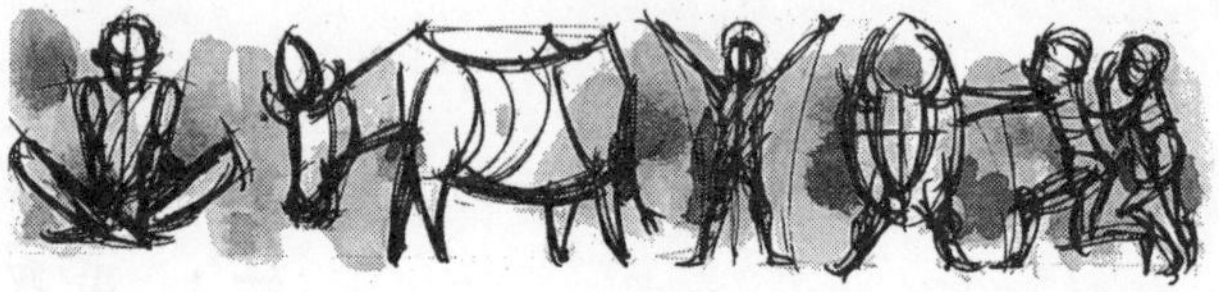

目　次

I　ガンジーの生涯

II

ガンジーの思想

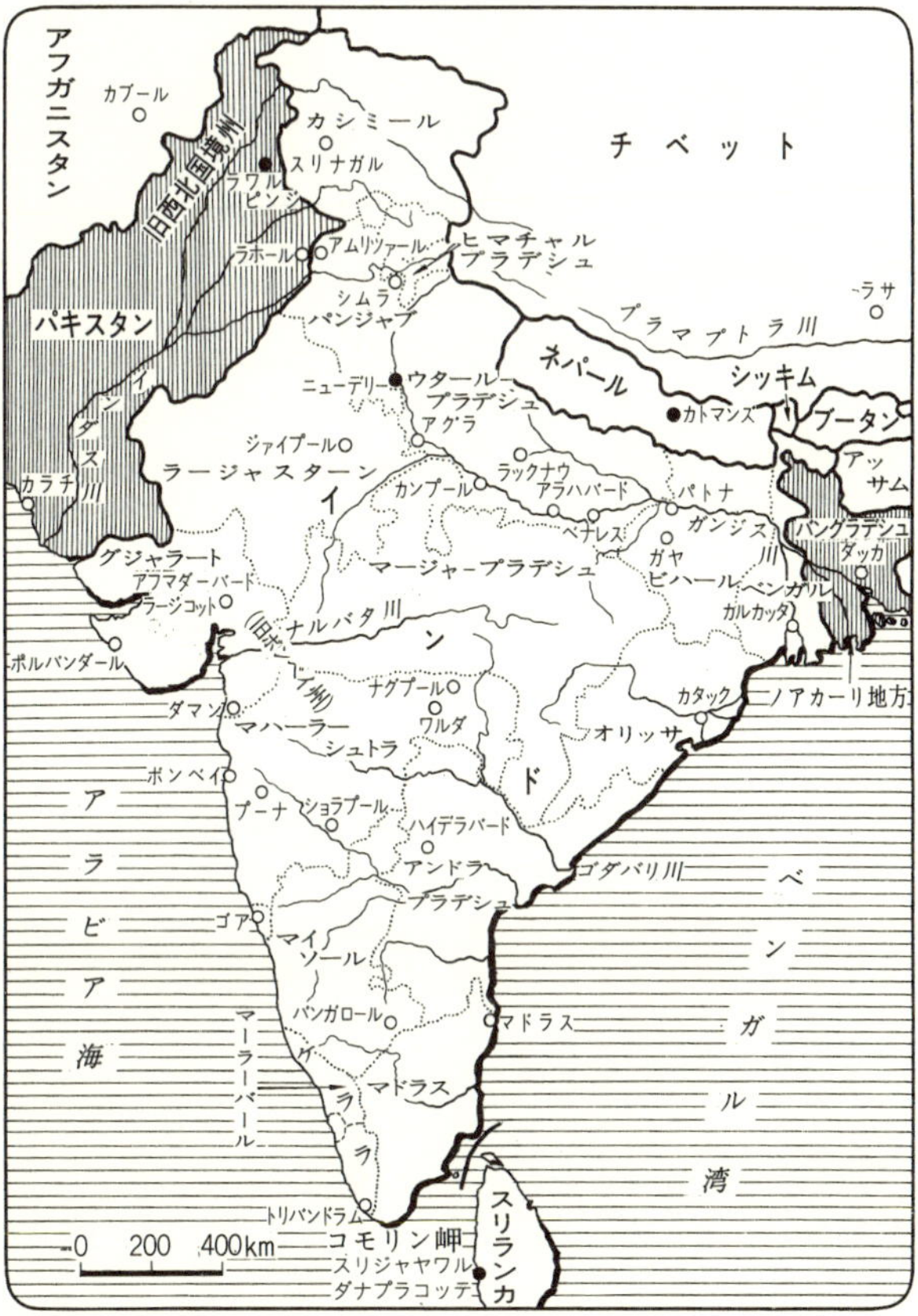
アフガニスタン
カブール
カシミール
チベット
スリナガル
旧西北国境州
ラワルピンジ
ラホール
アムリツァール
ヒマチャル
プラデシュ
シムラ
パンジャブ
ラサ
パキスタン
ブラマプトラ川
ネパール
シッキム
ニューデリー
ウタール
プラデシュ
カトマンズ
ブータン
インダス川
アグラ
ジャイプール
ラックナウ
アッサム
カラチ
ラージャスターン
カンプール
アラハバード
パトナ
イ
ベナレス
ガンジス川
バングラデシュ
ガヤ
グジャラート
マージャープラデシュ
ダッカ
ビハール
アフマダーバード
ベンガル
ラージコット
カルカッタ
(旧ボンベイ州)
ナルバタ川
ン
ポルバンダール
ナグプール
カタック
ノアカーリ地方
ダマン
ワルダ
マハーラー
オリッサ
シュトラ
ボンベイ
ド
アラビア海
プーナ
ショラプール
ハイデラバード
アンドラ
ゴダバリ川
ベンガル湾
プラデシュ
ゴア
マイソール
バンガロール
マドラス
マーラーバール
ケララ
マドラス
スリランカ
トリバンドラム
0 200 400km
コモリン岬
スリジャヤワルダナプラコッテ

インド全図

I ガンジーの生涯

ガンジーの百年

ガンジーは、一八六九年生まれであるから、一九六九年はちょうど生誕百年に当たる。この百年間は、インドおよび世界にとって何を意味し、何をもたらしたであろうか。その人の生涯と思想を見きわめるうえで、これは一つの有力な機会であるといえる。

生誕百年といえば、一九六一年には、インドの有名な文学者タゴールの生誕百年を記念し、日本でも記念講演や集会がひらかれ、記念論文集『タゴール』が刊行された。その前には、一九五六年に、やはりインドの政治家ローカマーニア＝ティラクの生誕百年祭がインドで祝われた。

タゴールも、ティラクも、ガンジーとは切っても切り離せない、密接な関係にある人たちである。

三つの百年記念祭

ローカマーニアというのは、ガンジーのマハートマ（偉大な魂）と同じく、民衆からおくられた敬称で、「名誉ある民衆指導者」を意味する。このバール＝ガンガーダル＝ティラクが当時のボンベイ州（現在のマハーラーシュトラ州）コーンカン地方のアラビア海に面した小都市ラトナーギリに生まれたのは、一八五六年七月二十三日であった。

ティラクは、初めインド文学を学び、しだいに法律学へすすみ、政治活動の分野へのりだした。インド独立運動の指導勢力であり、推進力であったインド国民会議派（一八八五年創立）のなかでも、ティラクはいわゆる急進派、あるいは民族主義の立場を堅持して、奮闘した。

とくに有名なのは、一九〇五年のベンガル分割統治に対する反対闘争である。ときのインド総督カーゾン卿が、カルカッタを中心にベンガル地方に反英テロが激化してきたのを恐れ、人口過密を表面の理由にして、ベンガルを東西に分割したとき、全インドをあげて、これに反対し、抗争した。のちに、一九四七年八月、インドがパキスタンと分離して独立したとき、回教徒の多い東ベンガルが東パキスタンに、西ベンガルがインド共和国に帰属するようになったが、その分割線は、四十二年前のカーゾン-ラインとほぼ同じであることを思うと、イギリスのインドに対する分割統治の根が、いかに深いものであったかを想像することができる。

ティラクは、いわゆる急進派に属して、民族運動の先頭にたった。これに対抗したのは、いわゆる穏健派、あるいは（対英）接近派で、これにはゴーカレー、バネルジー、ナオロジーなどが属していた。もともとガンジーは、この穏健派のゴーカレーを師《グル》として、南アフリカ時代からその指導を受けていたのであるが、インド独立運動を強力に推進した点では、むしろティラクから多くのものを受け継いだ。

ティラクは、ガンジーの指導のもとに新しい対英非協力運動が開始された一九二〇年八月一日に病気で亡《な》くなったが、一九〇五年のベンガル分割を一つの頂点として、一九二〇年までは、インドの民族運動は、いわばティラクの時代であった。ティラクは、マラータ精神のあふれるマハーラーシュトラ出身で、後年イギリス人相手の訴訟でロンドンへ出かけたほか、インド以外の地で暮らしたことのない、いわば土着の思想家であり、インドの土から芽ばえた政治的自覚の持ち主であった。

ガンジーも、インドの古典『ギーター』を生涯を通じて「行為《こうい》の辞典」としたが、ティラクもこのすぐれたインドの古典から思想と行動の源泉をくみあげ、一九〇八年から一九一四年へかけてのビルマのマンダレー刑務所での幽囚のあいだに、『ギーター』についての注釈書『ギーター＝ラハスヤ』（『ギーターの奥義』）を完成し、とくに人間の意志の力を強調した独自の見解を示した。

ガンジーもまた『（ガンジーによる）ギーター』を一九四六年に刊行している。ティラクの百年、ガンジーの百年を重ね合わせ、その重複する部分と前後につながる部分をたんねんに調べていくことは、この二人のすぐれた指導者の生涯を知るだけでなく、インド近代化と独立への歩みを知るうえで大いに役だつであろう。さらに、いま一つの百年祭を考える必要がある。

夜明けの詩人

ラビーンドラナート＝タゴールは、著名な瞑想《めいそう》的思想家でもあったデーベーンドラナート＝タゴールを父として、一八六一年五月六日、カルカッタに生まれた。詩人の天性に恵まれ、七、八歳のころから詩を習作し、十二歳のときには、もう雑誌に詩を発表している。処女詩集『野の花』

は、十一歳から十五歳までの作品を集めたものである。

一八七七年、十七歳のとき、弁護士の次兄に伴われてイギリスに渡り、ケンブリッジ大学に聴講した。帰国後、泉が噴《ふ》きだすように、詩・詩劇・小説をつぎつぎと発表した。一八八七年にふたたび訪英。一九〇一年には、父の別荘シャーンティニケータンに、わずかな生徒を集めて、一種の野外学校をひらいた。これが現在のビシュババラティ（国際平和）大学の始まりである。広い緑の敷地と、大きな幹の木の茂み、まことに詩作と瞑想《めいそう》と、そして、若者たちの戸外のダンスや劇や合唱にふさわしいところである。私は一九五七年の夏、ここを訪問してりっぱな迎賓館に一泊したが、部屋には網戸を一面に張っているのに、夜になるとコオロギほどの小さな虫が床の上をいっぱい這《は》いまわっているのに驚かされたことがある。それほど牧歌的な環境のなかにある。

さて、一九一二年、タゴールは五十二歳のとき、先にベンガル語で書いた詩集『ギーターンジャリ』を自ら英訳し、続いて詩人イエーツの序文をつけて、マクミラン社から出版した。これが世界的反響をよび、翌十三年ノーベル文学賞を受け、タゴールは、アジアの、いな、世界の桂冠詩人となった。

ティラクがきわめて土着的とみられているのに対し、タゴールはまた、きわめてインターナショナルな人とみられてきた。東西の調和、東と西のかけ橋というのが、この人に付せられる形容詞であった。はたしてそうであったろうか。

ティラクもタゴールも、そしてガンジーも、インド独立運動の発端とみられる有名な「セポイの大革命」

（一八五七年）――そういえばこの「革命」の百年記念もインドで行なわれた――以後の十九世紀後半から二十世紀の前半へかけて、いわゆるインドの近代的目ざめの時期を生きた人として、ともにすぐれた正当ナショナリズムを内面にもっていた。インドの近代的目ざめが、イギリス植民地主義に対する抵抗の過程で成立したものであるところから、これはきわめて当然のことである。

第一次世界大戦の後、一九二二年に有名なアムリツァールで、イギリス軍司令官によるインド人虐殺事件が起こったとき、タゴールがイギリスから許されていたナイトの称号を返却し、反対に、抗英不服従運動にのりだしたガンジーに、マハートマの称号をおくったのも、かれのナショナリストとしての一面を雄弁に物語るものである。

事実、タゴールには「日本のナショナリズム」「西洋におけるナショナリズム」「インドにおけるナショナリズム」という三つの論文があり、『ナショナリズム』という著書に収められている。しかも、一九一六年の最初の日本訪問のとき、タゴールは当時の東京帝国大学で「日本へのメッセージ」、同じく慶応義塾大学で「日本の精神」と題した講演をしているが、当時すでに目をみはるような日本のすみやかな「近代化」のなかに、西洋帝国主義（西洋文明）のうわすべりの模倣があることを鋭く警告している。

そして、一九二四年に中国を経て日本を訪問したとき、中国では若い青年・学生たちを前にして、「夜明けはまだ暗くとも、早い鳥が鳴きだして、日の出を告げている。」と呼びかけ、帝国主義や封建制度を打ち破って、「偉大な未来」が到来しつつあることに備えよ、といっている。タゴール自身、インドの、中国の、そしてアジアの夜明けを告げる、たくましい早鳴き鳥であった。ガンジーはティラクを継承するとともに、また、タゴールからも多くのものを受け継ぎ、タゴールの果たせなかったことの一部を果たした、ということができる。

独立の暁に死す

ナショナリストのティラクが草の生《お》い茂ったインドの土を地ならしをし、詩人タゴールが、インドへの祈りをこめ、美しいことばで、新しい朝の到来をうたったとすれば、その朝露をすがすがしくはだしで踏みながら、その朝露を真紅の血に染めて、独立インドの夜明けの途上に倒れたのが、ガンジーその人であった。

かつてはタゴールの盟友で、日本の中国侵略を契機に、きびしい論敵の仲となった詩人ヨネ＝ノグチ（野口米次郎）は、病むガンジーを自ら訪問したときの詩「マハートマ＝ガンジー」の書きだしの部分で、こううたっている。

彼は悩む大蛇《だいじゃ》でない、
彼は裸体の聖者、笑う山羊《やぎ》だ、
痩《や》せた蟋蟀《コオロギ》、堅い鋼鉄。
（ガンジーは病み、屋上のテントに横たわっている、愛の日光が雨さんさんと彼にそそぐ。）

頭に載《の》せた木綿袋を指さして彼はいう、
《土中から飛出た人間だ、インドの泥《どろ》が私に王冠つけて呉《く》れる》（以下略）
（野口米次郎『起《た》てよ印度』三元～四六ページ）

ティラクは、強い意志と政治的実践でインドの夜明けへの道を示した。タゴールは、豊かな姿勢と抱負と、美しいことばで、インドの夜明けの空と草むらの露をうたった。二人よりおくれて生まれ、二人よりあとまで生きたガンジーは、ティラクの道を歩み、タゴール自身の仰ぐことのできなかった夜明けの空を見、草むらの露を味わった。

ティラクは第一次世界大戦のあとに死に、タゴールは第二次世界大戦のさなか（一九四一年八月七日）に亡くなった。二つの大戦を生き延び、祖国の独立をその目で見たのは、ガンジーだけであった。しかし、その独立は一つのインドではなく、回教のパキスタン、ヒンズー教のインドという、苦《にが》い独立であり、苦い朝露であった。ガンジーは何よりも一つのインドを願い、回教徒とヒンズー教徒の融和を願い、アンタッチャブル（不可触民）に対する差別のない世界を祈った。そのためにかれは、反動的なヒンズー教の狂信者に、裸体を凶弾で射ちぬかれたのであった。

七十九歳の老いたる「痩せた蟋蟀」が身をもって描いた生涯の軌跡《きせき》は何であったろうか。今も波立つインド現代史の潮流のなかに、一すじの水脈《みお》となって残るガンジーの思想と行動の本質は何であったろうか。

三つの百年祭の最後に当たるガンジーの百年について、その足跡をたどってみることにしよう。

幼少年時代とその背景

豪気な父と敬虔《けいけん》な母

モーハンダース＝カラムチャーンド＝ガンジーは、先に述べたように一八六九年十月二日、インド西海岸グジャラート州カシァワール地方のポルバンダールで生まれた。ガンジーはそれを「白い街《まち》の城壁の中の古い家でのこと」として記憶していた。父はカラムチャーンド、母はパトリバイ。家柄についていえば、インドの四つの階級《カースト》のうちの第三番めに当たるバイシアで、一般に商業階級といわれているが、ガンジーの父はその地方の小藩王国の宰相《ディーワーン》の役をしていた。幼いガンジーが家系や分家のことなどをくり返し暗唱させられたほどの地方の名門であった。

ガンジーの生家

ガンジー自身は、のちに最初の法廷で、自分の職業を「農業と機織《はたお》り業」と書いたほどに身分や地位にこだわらず、「自ら汗してはたらく」ことに最大の誇りを感じていたのであるが、その後のガンジーの生涯の歩みを通してみると、豪気な気性の父からは政治家としての血筋を、また敬虔なヒンズー教（ベイシュナバ派）の信者として、断食のつとめを怠ったことのない母からは、宗教的な血筋を受け継いだ、とみてよいであろう。この両親の間に生まれた四男一女のうち、ガンジーは第四男に当たる末っ子であった。

　父からの遺伝、母からの遺伝のどちらが強かったか、ということは、なかなか簡単にいえない問題である。しかし、一般にインドといえば、仏教（発生）の国、ガンジーといえば非暴力の「聖人」と割り切ってしまうような見方では、ガンジーの性格も、かれをうんだインドの環境も説明できるものではない。インドといえば、すぐに宗教を思い浮かべる、というような意味では、ガンジーは決して宗教家ではない。宗教的な口調や、宗教上のよそおいをこらした行動――たとえば非暴力や断食――が多かったとして

ガンジーの家系図

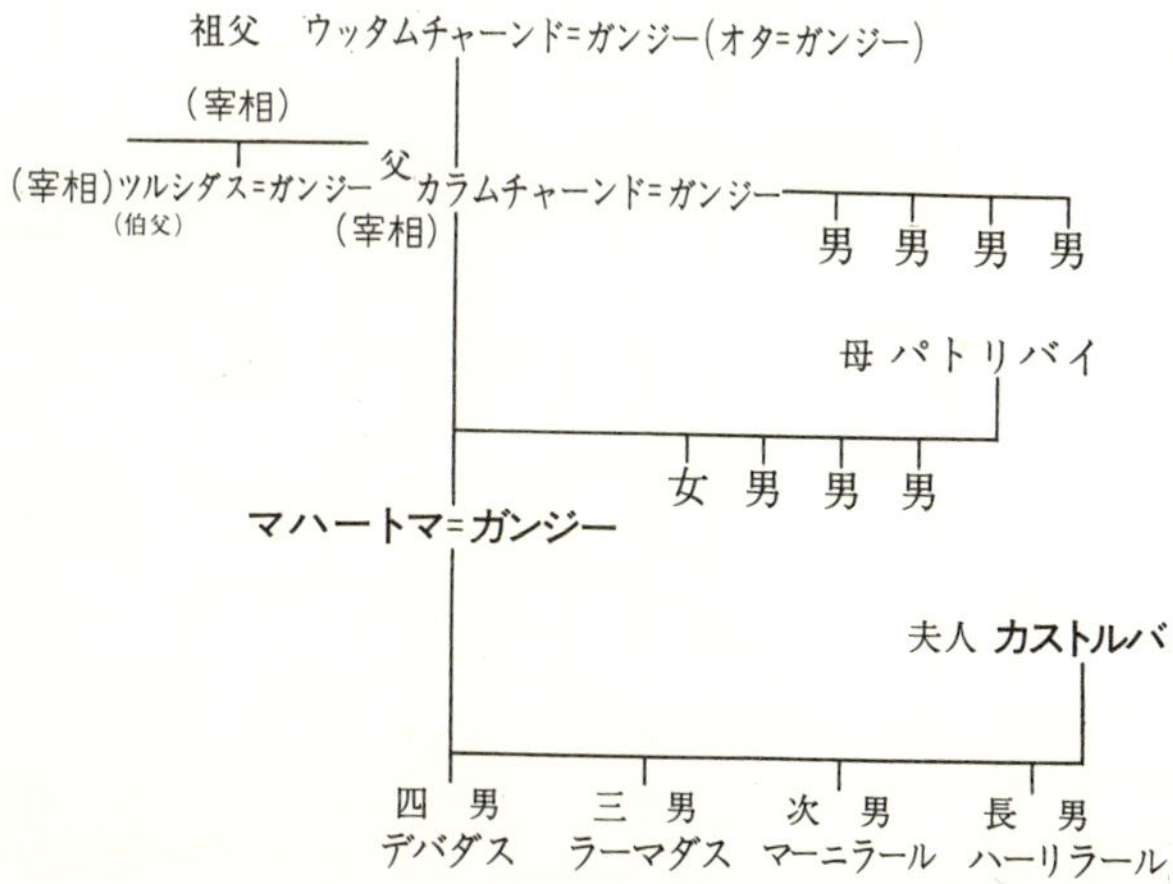

ガンジーの父

も、それは単なる宗教上の目的で行なわれたのではない。ガンジーがついにそのために生命を奪われたヒンズー教と回教との統一の問題にしても、もちろん、これは二つの宗教の融和・統合というだけのことではない。そうではなく、祖国——一つのインド——実現のために、ガンジーはあらゆるものを犠牲にして献身したのである。

真理の使徒ガンジーが、その血と肉をささげたのは、祖国インドの独立という政治の祭壇へであった。このことは、生涯の歩みと思想を通じて、これから徐々に明らかにされるであろう。

十三歳の結婚の悲劇

幼年時代のガンジーは、父の転任にともなって、居住地を移し、学校もかえている。この時代のできごととして、ガンジーが自叙伝のなかでも、特筆しているのは、かれが十三歳のとき、同じく十三歳のカストルバと「婚約」ではなく、「結婚」したことである。そのころ、ヒンズー教の世界で、結婚がいかに年齢や当人の意志と関係なく、一家や親戚《しんせき》のつごうでとりきめられ、とり行なわれたか、ガンジーの結婚は、その典型のようなものであった。

そのうえ、ガンジーの結婚の場合、費用の節約と見ばえをよくするために、ガンジーの次兄、ガンジー、ガンジーの従兄《いとこ》の三組の結婚式を同時にあげることにしたのである。ガンジーは自分の恥ずかしさについては「ただカーテンをおろして、もうこれ以上語りたくない。」といいながら、かなり細部にわたって十三歳の新郎・新婦の初夜のことについても書いている。

要するに、ガンジーはこの結婚に夢中になり、「夫としての妻に対する権威」をそなえることができた。中学生の新郎である。あぶないバランスではあったにせよ、ともあれ、ガンジーは結婚と修学とを並行させることができたが、中学校のすぐ一級上の次兄の場合、ついに学業を放棄してしまった。こういう例は当時のインドでは、他にも少なくなかったのである。

ガンジーは、この「童婚《チャイルド・マリッジ》」を「悲劇」と呼んでいる。ガンジーその人にとっては、「悲劇」でもあり、また「喜劇」でさえあったかもしれないが、仔細《しさい》に考えると、ここにもガンジーの幼少年時代の背景をうかがうことができる。

費用の節約、しかも、見ばえをよくするため、というのは、明らかに当時しだいに成長しつつあったインド・ブルジョアジーの立場を反映するものであった。このようなブルジョアジーは、ガンジーの郷里グジャラートだけでなく、ティラクを生んだマハーラーシュトラ、タゴールを生んだベンガル地方にも成長し、台頭しつつあった。イギリスに対抗し、あるいは、イギリスに追いつき、追いこそうとする民族ブルジョアジーの豪気さは、ガンジーの父親のものであると同時に、ガンジー一家のものであり、グジャラート社会の一部を代表するものであった。これを裏づけるもう一つの事実をここにあげてみよう。

最初の肉の試練

十三歳の結婚で、ガンジーは、人生における肉体の試練は、もうのりこえていた。次にかれがぶつかったのは、文字どおり肉——肉食の試練であった。

ガンジーの中学時代に、グジャラートではこんな歌がはやっていた。

見よ、力の強いイギリス人を、
かれらは小さなインド人を支配する。
かれらは肉食をするから
背の丈《たけ》も七尺ゆたかだ。

ガンジーは、兄の同級生の友人から初めて肉食をすすめられた。蛇《へび》を手につかみ暗やみを恐れず、幽霊の存在を信じない大胆な友人は、それらをみな肉食のせいにした。一個の改革者的立場から、家人や妻の忠告を退けて、やや不良のこの友人との交際を続けていたガンジーは、川岸のさびしい場所をさがして、イギリス式に焼いたパンも添えて、山羊の肉をたべた。肉食党であった友人は平気だが、ガンジーは胸がわるくなって中途でやめた。その夜は、ガンジーの腹のなかで、生きた山羊がメー、メー、鳴いているように感じた。

しかし、これで肉食をやめたのではない。ガンジーは「義務をつくしているのだ」と、自分にいいきかせて、強いインド人になるために、試練に耐えた。こんどはさびしい川岸ではなく、州政庁のあるビルの食堂で、食卓や椅子《いす》のあるところでたべた。この不良の友人がいうとおり、中学校の先生たちもこっそり肉食をし、酒を飲んでいたし、また、この地方の著名な人たちも、もちろん秘密のうちにではあるが、肉と酒とをたしなんでいた。いってみれば、ブルジョアジーの成長にともなう近代化――イギリス化の風潮が、この地方にもひしひしと押し寄せていたのである。

いつまでも両親や妻にかくれて秘密の食事を続けることへの反省、とくに、「おなかのぐあいがわるい」とうそをいって、家族といっしょの食事を避けねばならない、この苦痛に耐えかねて、ガンジーは肉食を断然やめた。しかも、友人とは交際を続けた。強い意志の力である。

この友人からは、汚らわしい淫売窟《いんばいくつ》へも誘われた。これにもガンジーは、うち勝った。次には、タバコを吸う習慣を身につけた。タバコを買う金に困って、召使いの小銭をごまかした。タバコの代用品の葉を丸めて吸ったこともある。このタバコ仲間は、ともに妻帯している親戚《しんせき》の男であったが、何もかもいや気がさして、二人で自殺をはかったこともある。マンダラゲ（曼陀羅華《まんだらげ》＝チョウセンーアサガオ）の実がよくきくというので、これを求めて森へはいり、夕方の寺院の片すみで死のうとした。しかし、二人は死ぬことにおじけづいてしまったのである。

次兄の腕輪から、金《きん》を盗みとったりもした。明らかに盗みである。ガンジーは、これらをすべてノートに書いて告白した。豪気な父は、ふとどきな息子を打って打って打ちすえるだろう、と覚悟して、罪にふさわしい罰をガンジー自身も願っていた。病床にいた父は、そのノートを起きてすわり直して読んだ。ガンジーは身体《からだ》をふるわせて立っていた。

読み終えた父は、ポロポロと涙をこぼし、ノートの紙が濡《ぬ》れた。そして、父は泣きながらノートをひき破り、すぐに横になった。父の苦悩が身にしみて、ガンジーも涙がでた。しかし、父と子、この二人の涙で罪が洗われ、清められたような気がした。

肉をたべない、タバコを吸わない、盗みをしない。ガンジーは強い決意をした。そして、決意を実行に移した。幼少年時代の心の秘密を告白した自伝のこの部分は、ガンジーらしい正直さと克明《こくめい》さがあふれているが、同時に、ガンジーの幼少年時代の歴史的背景を色彩豊かに描いている、といえる。

イギリス人のように、肉食をすることで、強くなろうとした。それが「改革」につながるのであった。

イギリス人らしくすることによって、イギリスに抵抗しようとする気運、それはガンジーの初期の精神的姿勢であると同時に、それはイギリス留学の初期や、その後のアフリカ時代にも、また、第一次世界大戦のときまでも尾をひいている。

否定の道への第一歩

一八八八年（明治二十一年）九月、ガンジーはイギリス留学のため、ロンドンへ第一歩を印した。インドでの大学が自分にむかなかったのと、家族の友人の勧め、兄の協力によるものであったが、これは今日と比べて必ずしも容易なことではなかった。

信心深い母に対しては、酒・女・肉食を断つという三つの誓いをした。それでも、保守派の人たちは、海外渡航に反対し、ボンベイで、ガンジーはカーストからの追放処分をうけた。そうでなければ、海外留学は決行できなかったのである。

ロンドン留学時代のガンジー

イギリスに着いて早々、ガンジーが何よりもイギリス風《ふう》の紳士《ジェントルマン》になろうとしたことは、あまりに有名である。初めにダンス、フランス語。ダンスで律動的な身のこなしのできないのは音感がないためだ、というわけで、日本風にいえば、「大風が吹けば桶屋《おけ》が儲《もう》かる」、西洋風にいえば、「寓話《ぐうわ》のなかの隠遁者《いんとん》」――つまり鼠《ねずみ》を追っぱらうために猫《ねこ》を飼い、猫にミルクを飲ませるために牛を飼い、牛を飼うために人間を雇う、という話のとおり、ガンジーはバイオリンのけいこを思いたち、さらに演説の先生にまでついて講義を受けることにした。そのために、ベル氏の『標準《スタンダード》演説法《エロキューショニスト》』という本をテキストに買った。このベル氏の本が、ガンジーの耳に「警報のベルを鳴らして」くれた、と自伝に書いている。

そういうことのばかばかしさ、空《むな》しさを知ったのである。それとは反対に、地道《じみち》なインド人学生の生活にたちもどるとともに、内面的な生活へ深く足を踏みいれた。一つの転換期がきたのであった。

その一つは、菜食生活にはいったことであり、いま一つはイギリスの接神論者《テオソフィスト》たちとの交わりのなかから、初めてインドの古典『ギーター』を読むようになったことである。

ガンジーは生涯を通じて禁酒・禁煙・禁欲の道をすすみ、方法論的には不服従・非協力など、いずれも否定の姿勢で、あらゆる悪――そのなかにはイギリス帝国主義も含まれる――とのたたかいを続ける。いわばこれらの否定の道の第一歩が、イギリスで踏みだされる。それは内面への第一歩であるが、やがて行動のための強靭《きょうじん》なバネとなるものである。

そのような外部世界との行動による結合を、若いガンジーは、南アフリカ二十年の生活で見いだし、思想と行動の原型をそこでつくりだすのである。

南アフリカ時代

イギリスで弁護士の資格をえて、インドにもどったガンジーは、初めてかれの留学中に母が亡くなっていたのを知らされた。しかし、それとは知らず、母への「三つの誓い」を守り通したことは、せめてものなぐさめであった。

イギリス帰りの新弁護士として、ボンベイに事務所をひらいたが、商売繁盛というわけにはいかなかった。弁護士という職業には、駆け引きや多少のハッタリを必要とするのに、それがまるでガンジーには欠けていたのである。

ボンベイでの事務所をとじて郷里に帰り、やや失意のときに、南アフリカで成功しているインド人商社の顧問弁護士としての話があり、ガンジーはこれに応じた。一八九三年四月のことである。このときから一九一四年七月まで、二十一年間の南アフリカ生活が、ガンジーをインド人の解放とインド独立のための偉大な弁護人に仕上げていくのである。

ターバン事件

南アフリカのナタール州のダーバンに上陸したガンジーは、さっそく訴訟依頼人であるインド人実業家アブドゥーラ＝シェトに会った。無学ではあるが、かれは実力者で、回教徒であった。

このシェトに連れられて、ダーバンの法廷に行った。そのときのガンジーの服装はフロックコートにターバンを頭に巻いていた。法廷の判事は、ガンジーにターバンをとれといった。理由が明らかでないので、ガンジーはそれを断わって法廷を出た。この土地の裁判所の習慣で、回教徒は帽子をかぶったままでいいが、ほかのインド人は帽子を脱がねばならない、というのである。

これは明らかにインド人への蔑視《べっし》の一つであった。イギリスの植民地である南アフリカ連邦（現在の南アフリカ共和国）へは、同じくイギリスの植民地インドから、たくさんの貧乏人が契約労働者としてやって来ていた。かれらは、一口《ひとくち》に「クーリー」（苦力）と呼ばれていた。ガンジーも「クーリーの弁護士」にほかならなかった。それを知っているガンジーは、あえてシャッポを脱がなかったのである。

ダーバンでのターバン事件は、ガンジーが南アフリカでぶつかった最初のできごとであった。『自伝』にも書いているように、かれはまるで試練を受けるかのように、人種差別の関門をくぐった。この門をくぐらなければ、南アフリカの住人にはなれない、というかのようであった。

正当に一等キップを買って汽車に乗っても、一等車から追い出され、それを断わると荷物といっしょに夜中の駅へほうり出された。馬車に乗ると、御者《ぎょしゃ》台のわきにすわらせられ、「そこをどけ！」といわれ、それを断わると、馬車からひきずり降ろされそうになり、ビンタをくらった。白人のホテルへも泊まれなかった。ただ、経営者や宿泊人（白人）の理解と好意のもとにのみ泊まることができ、食堂でいっしょに食事することができた。

今も南アフリカは、人種差別の激しい土地である。第二次世界大戦前に、独立国はわずかに四か国（リベリア・南アフリカ連邦・アラブ連合・エチオピア）であったアフリカに、いま独立国は四十二か国ある。南アフリカ共和国に近いベチュアナランド（ボツワナ）・バストランド（レソト）・スワジランドも独立した。これらのなかで、南アフリカ共和国と南ローデシアは、いま人種差別の最もきびしいところである。南アフリカ共和国では、黒人は白人居住地域から離れたところへ強制的に分離されている。いわゆるアパルトヘイト（隔離政策）である。

しかし、ここでもきわめて最近、大学での黒人講師を政府・学校当局は拒否したのに対し、学生は歓迎するというところまで新しいスチューデント・パワーが動き出している。ガンジーのころには、貧しい白人《プーア・ホワイト》どころか、貧しい有色人種《プーア・カラー》としてのインド労働者の生活は、不当に抑圧されたものであった。ガンジーは、この人種差別・人権無視のるつぼのなかで、思想と行動を鍛えられていくのである。

基本的人権を守るたたかい

人種差別に対する試練の門をくぐって、次にガンジーがぶつかったのは、インド人の基本的人権を守るためのたたかいであった。

一八九四年、ガンジーが訴訟の仕事を終えてインドへ帰国しようとしたとき、インド人に対する選挙権制限の問題が起こった。南アフリカに在留するインド人たちは、ガンジーにしばらくとどまって、この問題を処理してくれと懇請《こんせい》した。続いて、インド人に対する人頭税の問題がもちあがった。こうして、ガンジーの南アフリカ生活が始まるのであるが、もし、インドへの帰国直前に、歓送会の集まりでガンジーが、その日の新聞にでていたインド人選挙権問題の記事に目を通さず、そのまま帰国していたなら、ガンジーの生涯は大きく変わっていたであろうし、ガンジーの指導によるインド独立運動のコースも、もちろん別なものになっていたであろう。それほど貴重な体験――それをガンジーは「真理とともなる体験」と呼んでいる――が、次々に始まるのである。

もちろん、ガンジーは連続して南アフリカにそのまま いたのではない。途中で家族を連れに六か月ほどインドへ帰り（一八九六年）、また、インド人選挙権闘争に勝利した後、「必要なときは、いつでも南アフリカへもどる」ことを条件に、いったんインドへ帰ったが（一九〇一年）、一年たつかたたないうちに、必要はガンジーを南アフリカへ呼びもどしたのである。

その間にガンジーは、イギリス人とオランダ人の子孫であるボーア人の間に起こったボーア戦争（一八九九～一九〇二年）に、インド人野戦衛生隊を率いて従軍し、その後、ズールー族の反乱が起こったとき（一九〇六年）にも、負傷者看護のために、インド人衛生隊を率いて参加した。このときは准尉《じゅんい》の待遇をうけたが、そこではのちの非暴力主義とは似ても似つかぬ軍服姿のガンジーを見いだすことができる。

このような「戦場での対英協力」について、ガンジーには、一つの考えがあった。それは看護癖《へき》ともいうべきガンジーの看護好きのあらわれであったが、インド人の基本的人権擁護とも無関係のものではなかった。一口にいえば、危急の際のイギリス人を助けることによって、イギリス人と対等な立場にたつ、ということであった。それはイギリス崇拝からくる「イギリスへの従属」といえないこともないが、それと同時にガンジー自身本気にイギリス人と平等の立場にたつチャンスをそこに見いだそうとしていたことは、『自伝』のなかでも述べられている。

しかし、注目しなければならないことは、ヨハネスバーグで弁護士を開業するかたわら、そして多数の貧しいインド人のために、生活擁護と生活向上の奉仕をしながら、ガンジーがその目を自己の内部に向けていったことである。

ガンジーは、キリスト教の『聖書《バイブル》』を読んだ。回教の『コーラン』を読んだ。そして、インドの古典『ギーター』を読み、これを「行為の辞典」とした。私たちが知らないことばの意義を明らかにするには、辞書をひいて、それによるように、日常の行為《こうい》、非常のときの行為、それらを『ギーター』の精神に照らして考えよう、というのが、ガンジーの生涯を通じての指針であった。それが始まったのが、南アフリカにおいてである。

工芸と生活の一致を説くラスキンの『この後の者に《アントゥ・ジス・ラスト》』に感激し、ラスキンの精神を具現するため農園をつくった。トルストイを読み、トルストイの無抵抗主義に感動し、農園を「トルストイ農園《ファーム》」と名づけた。そして、週刊機関紙『インド評論』（インディアン・オピニオン）を創刊して、毎号それに執筆した。のちに

ラスキン

は獄中でアメリカの不服従の哲学者ソローを読んだ。この多面的な読書や友人との交流のなかから、ガンジーは内面生活の階段を一歩一歩踏みしめて行くかのようであった。宗教も、芸術も、すべて生活と密着じたところで考えていくやり方であった。この階段を上りつめたところに、ガンジーは、きびしいけれども、深くて、広い一つの座標を見いだした。そして、その座標のうえにガンジーは生き続けるのである。

純潔な生活《ブラフマーチャリヤ》

それはズールー族の反乱に、衛生隊としてイギリス側に従軍していたときのことであった。ガンジーの一隊が看護したのは、ズールー族の戦傷者だけではなかった。その一部は、嫌疑《けんぎ》者として逮捕された人たちであった。イギリスの司令官は、かれらを殴打《おうだ》する命令をだしていた。その打撲《だぼく》のためにひどい傷をうけ、しかも、手当てがすぐに行なわれないため、熱帯の暑さのなかで、傷口は化膿《かのう》していた。なかには武器をもっていないのに射撃されて、傷ついた者もいた。

ガンジー自身の表現によれば、それは戦争などというべきものではなく、「イギリス人の人間狩り」であった。遠い谷間にときおりバラバラと家が見えるだけで、人跡まれなところを、イギリス人のために傷ついた人たちに手当てをし、負傷者を運んだりしているときに、ガンジーは、深いもの思いにふけることがあった。

ガンジーを深い思索の底にひきこんでいったのは、ブラフマーチャリヤ、つまり、純潔な生活・禁欲生活のことであった。

ガンジーは考えた。

これまで自分は、自己抑制ということが、自己実現のために、いかに必要であるかを思ったことがあったであろうか。

人類に奉仕しようとすれば、自己抑制なしには不可能ではないか。

もしも家庭生活の喜びに陶酔《とうすい》し、子どもを産むことと、子どもを育てることにだけ専心したならば、人類への奉仕は、とうてい実現できないのだ。

われわれ——少なくともわたしには、肉体と精神の生活を同時に営むことはできない。

ブラフマーチャリヤを実行することなしに、家庭への奉仕と国家（社会）への奉仕とは両立しないのだ。

人間が人間であるのは、自己抑制があるためではないか。

ブラフマーチャリヤは、肉欲の抑制から始まるのであるが、しかし、そこで終わるものではないし、そこで終わってはならない……。

ガンジーは『自伝』のなかでも、当時を追想して、純潔な生活への決意を述べているが、何よりも関心をひくのは、このような思索と決意が、静かな書斎の奥深くではなく、また、静流の音に小鳥の鳴き声がいっそうの静寂を増す山深いところでもなく、四十度をこえる熱烈な太陽のもとで、徒歩でタンカを肩にし、ときには一日六十四キロを進軍しなければならない戦場の合い間合い間に行なわれたことである。

当時、ガンジーには二人か三人の男の子がいた。ダーバンに上陸したとき、すでに九歳と五歳の自分の男の子と、十歳になる姉の子を連れてきていた。ガンジー自身についていえば三十七歳の男盛りであり、もちろん、妻のカストルバも同年であった。しかし、家庭ではなく、社会へ、人類への無限の奉仕のことを考えると、ガンジーの決意はいよいよ固められていくのであった。

真理把持《サテイアグラハ》のたたかい

自分自身を抑制し、純潔な生活にはいることなしには、他人に奉仕することもできなければ、多数の人に呼びかけて行動にたち上がらせ、それを指導することもできない。それはガンジーにとって、資格の問題ではなく、信念の問題であった。信念は力であった。

身を純潔に保つことは、ガンジーにとって単なる自己の浄化を意味するのではない。それによってのみ、天地の真理をつかみ、現代世界の悪を滅ぼすことができるのである。

この純潔な生活の次にくるのは、真理把持《はじ》のたたかいであり、いいかえれば、真理把持のたたかいの準備のために、自己純化への精進を必要としたのであった。

常に現実的であることを忘れたことのないガンジーにとって、当時身辺にはインド人の基本的人権に関する問題が相次いで起こっていた。先にナタールのインド人選挙権闘争は、勝利に終わったが（一八九七年）、インド人に対する三ポンド（約一万四千五百五十円）人頭税は、引き続き行なわれていたし、ズールー族反乱の年（一九〇六年）には、南アフリカへのインド人移民を制限し、在留インド人に指紋登録を強制する新アジア法が上程され、さらに一九一三年には、ケープ植民地で、キリスト教の方式による結婚以外は、すべて非合法とする婚姻法が実施された。

　これらはすべてインド人の基本的人権に関する問題であると同時に、祖国インドに対する重大な侮辱《ぶじょく》であった。それもこれも、現代の理解でいえば、インドがイギリスの植民地であるところから生じた問題である。もちろん、当時のガンジーには、イギリス帝国主義・イギリス植民地主義に反対するという明確な理論も自覚もなかったが、インド人への差別、祖国への侮辱に対しては、断じて忍ぶことができないという信念は強く燃え上がっていたし、南アフリカにいるインド人の圧倒的大多数の心情も全く同じであった。

ヨハネスバーグ時代のガンジー

　自分自身をブラフマーチャリヤで鍛えながらインド人を団結させ、組織し、ついに鉱山労働者のストライキにまで発展させたのが、ガンジーのサティアグラハ闘争であった。

　サティア（サト）は真理、グラハは把握を意味するところから、これは真理把持の闘争として知られている。ガンジーは、トルストイに傾倒していたところからもわかるように、初め「受け身の抵抗《パッシブ・レジスタンス》」

のようなものを考え、自分の運動に対してそういうグジャラート語の表現を使っていた。しかし、ガンジーのいうところの非暴力は、単純に暴力に対置されるものではなく、暴力の不正（非真理）に対して、真理を代表するものであった。

真理は力である。しかも、それは純潔な生活を泉として、滾々《こんこん》とわき出る一種の「魂の力」である。その意味で、非暴力は弱者の武器でなく、強者の武器であり、何ものをも恐れない真理把持の立場を示すものである。

これが、ガンジーのサティアグラハのたたかいであった。

婦人も労働者もたつ

非暴力、真理、あるいは「魂の力」というと、抽象的な精神主義を連想するが、ブラフマーチャリヤも、サティアグラハも、ある日、ある静かな場所でひとり想定されたものでないと同様、そのたたかいもきわめて激しい、組織的な、大衆的なものであった。

ガンジーの指導による最初の組織的なサティアグラハ闘争は、南アフリカ在留インド人に指紋登録を強制する新アジア法に反対して行なわれた（一九〇七年）。

この闘争でガンジーは、懲役二か月をいいわたされた。この世におけるガンジーの最初の下獄である。登録問題でスマッツ将軍との間に妥協が成立し、ガンジーは出獄したが、妥協を非難するインド人に襲撃されて負傷した。このときも、かれは加害者を罰しないように、と心から申し出た。

しかし、スマッツ将軍が約束を破ったため、抗議のサティアグラハ闘争を再開（一九〇八年）した。一九一三年、新婚姻法で、インド式結婚が非合法とされたとき、在留インド婦人はいっせいに反対してたち上がった。婦人によるサティアグラハである。このとき、ガンジーは妻のカストルバより先に他のインド婦人にサティアグラハ闘争のことをもちかけたことについて、カストルバ夫人から抗議された。

「闘争には、少しでも強制があってはいけないから……」というのが、ガンジーの弁明であった。カストルバ夫人もこのとき逮捕され、出獄したときは危篤《きとく》の状態であった。

婦人の一隊は勇敢にたたかった。これに励まされ、また、婦人たちの闘争を支持して、インド人炭鉱労働者がストライキを決行し、二、〇〇〇人の炭鉱労働者は、ニューカッスルからナタールへの「大行進」を決行した。ガンジーはこれを指揮して、四日に三度も逮捕され、結局九か月の懲役と、さらに三か月の重労働をいいわたされた。

こういう大闘争をなかにはさんで、ガンジーは、農園のメンバーが道徳的な堕落行為をしたときには節食や断食を行なった。

こうして、一九一四年六月、ヒンズー・パルシー（拝火教）・回教によるインド人の結婚の合法性が認められ、ひとり三ポンドの人頭税も廃止され、サティアグラハは完全に勝利した。と同時に、二十年余にわたるガンジーの南アフリカ生活は終わる。

思えば、この南アフリカ生活で、ガンジーの思想も生活も闘争の原理も、すべて形成されている。禁欲も、非暴力も、断食も、奉仕も、そしてサティアグラハも、すべてがここで自らつくられ、鍛えられている。あとは祖国インドでのその拡大再生産の舞台を待つだけである。

一つの思い出

しかし、ここで一つの私的な思い出をさしはさむことを許していただきたい。

私は旧制高知高等学校の卒業（第四回）であるが、大正十二年創立のこの高等学校の校歌に、「真理の把持はわれらが理想」という一節がある。この第一回卒業生である校歌の作者（松野仁氏）に一度私は偶然会ったことがある。そのとき、歌詞の由来《ゆらい》を確かめることを忘れたが、さてインドへ帰ってからのガンジーの大がかりな反英・不服従のサティアグラハ闘争が一九一九年からで、日本では一九二二年（大正十一年）に、ガンジーの真理把持についての著訳書が相次いで出版されている。おそらく、校歌の若き作者は、時代の潮流を敏感にとりあげ、「真理の把持」ということばを校歌の一節にしたのであろう。大正も遠くなった現在、ガンジーのことを思うたび、書くたびに、古い校歌の一節をいつも思い浮かべるので、ささやかな思い出としてここにしるしておきたい。

インドに帰って

長い南アフリカ生活を終え、大戦勃発下のロンドンを経由して、祖国インドへもどったガンジーは、そのままインドの政界へ登場したのではない。ガンジーは、帰国後の自分の進路については、師とたのむゴーカレーの指示にたよっていた。ゴーカレーは、ガンジーに、まずインド国内を旅行せよ、といった。そして、「耳はひらいて、口はつむれ。」と注意した。

おそらく当時のインドには、南アフリカ帰りのガンジーが、いきなり飛び込んで行くような政治場面もなかったし、ガンジー自身も政治家になることを志してはいなかった。ガンジーは、自分よりひと足さきに仲間たちをベンガルのタゴールのシャーンティニケータンへ送り込み、そこで待機させていた。南アフリカでしたように、祖国インドでも、一種のアシュラム（修道場）を設け、そこで同志の人たちといっしょに、サティアグラハの共

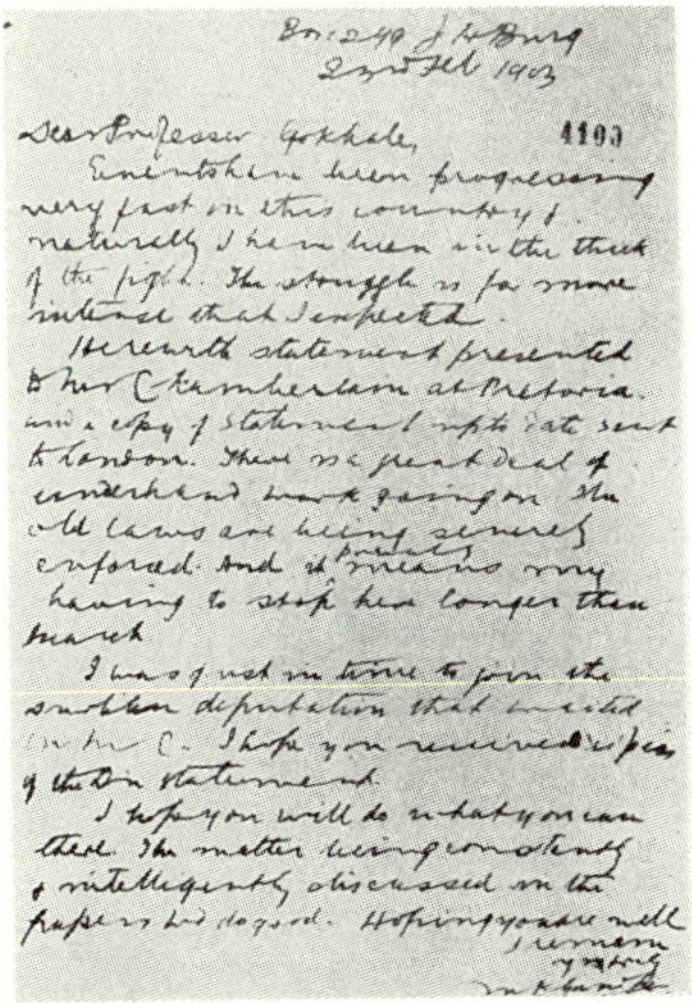

Box 2440 Johannesburg
23rd Feb 1903

Dear Professor Gokhale, 4103

Events have been progressing very fast in this country & naturally I have been in the thick of the fight. The struggle is far more intense than I expected.

[illegible] statement presented to Mr Chamberlain at Pretoria and a copy of statement up to date sent to London. There is a great deal of underhand work going on. The old laws are being severely enforced. And it probably means my having to stop here longer than March.

I was just in time to join the [illegible] deputation that waited on Mr C. I hope you received copies of the [illegible] statement.

I hope you will do what you can there. The matter being strongly & intelligently discussed in the papers will do good. Hoping you are well

I remain
Yours truly
M. K. Gandhi

ゴーカレーへのガンジーの手紙

同生活を営むことが生涯のねらいであったし、これにはゴーカレーも同意し、援助の約束もしていた。

アシュラムの歴史　ガンジーは、南アフリカで二つの共同生活を組織していた。それは実際上一種のアシュラムであった。アシュラムというのは、インドで精神的指導者たちが、自分の精神を具現するために、弟子《でし》や協力者とともに営む共同生活を意味する。

ガンジーは南アフリカで一九〇四年に、ダーバンの近くのフェニックス農園、一九一〇年にヨハネスバーグの近くにトルストイ農園を経営した。

この経験に基づいて、一九一五年、ガンジーは故郷のグジャラートからそう遠くない、そして、グジャラート語の通用するアフマダーバード近くのコチラブにバンガローを借り、同志の者二十五人とアシュラムを始めた。

ついでに、ここでガンジーの生涯のたたかいの拠点となったア

サバルマティのアシュラム

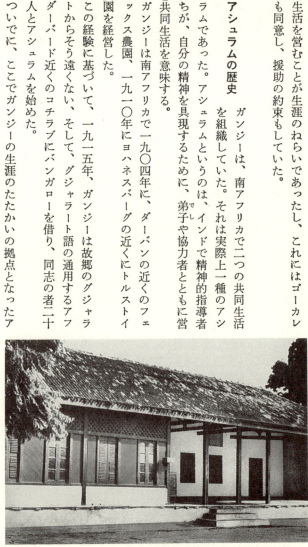

シュラムについて述べると、このコチラブのアシュラムは、ペスト発生のため、一九一七年にアフマダーバードから川ひとつ越えたサバルマティに移され、ガンジーが一時政治運動の第一線を退く一九三三年まで、サバルマティがガンジーの豊富多彩な活動のとりでとなった。

この年にガンジーは、サバルマティのアシュラムを不可触民《アンタッチャブル》のためのセンターとし、中央州の小都市ワルダに新しいアシュラムを建設した。一九三六年、ガンジーはワルダの近くのシーガオンという部落を尋ねて、ここにアシュラムを移した。一九四〇年、ここをセバグラムと改称し、ここが終局のアシュラムとなったのである。

アシュラムを拠点とする活動という点で、確かにガンジーには、修道者あるいは求道者的なにおいがする。しかし、それとインドに対する既成の（宗教的）イメージをそのまま重複させて、ガンジーを宗教家あるいは精神主義の指導者としてしまうと、ガンジーのガンジー的部分はほとんど失われてしまう。

ガンジーが苦熱の植民地南アフリカで身につけたものは、もっと直接的・政治的なものであり、基本的人権の擁護につながるものであった。その意味で、ガンジーはあくまでインドの政治的指導者である。

もちろんガンジー自身、「いかに偉大な仕事でも、宗教的なバックがなければ、真に繁栄することはない。」といっているが、すぐに宗教とは何かについて反問し、それは世界の古典を読破しても、えられるものではないし、頭脳でつかまるものでなく、心で把握すべきものだと注釈している。

ガンジーの卑近な倫理哲学には、多分に経済的・現実的な綱領が含まれているように、ガンジーの宗教的な扮装《ふんそう》のなかには、きわめて大衆的な政治性が含まれていることを見落としてはならない。それは、アシュラムについてのかれ自身の見解のなかにもうかがえるのである。

アシュラムの誓い　ガンジーは、アシュラムの門をくぐり、ガンジーとともにアシュラムの生活をともにすべきものの条件として、次のことをかかげている。

(1) **真理の誓い**　いかなる犠牲をはらっても真理の法則を守る。真理のためには父にも反対した古代インド少年のプラーラードの生き方に、それは象徴されている。

(2) **不殺生《アヒムサ》の原理**　単に「殺さない」ということではなく、それ以上に無限に高い非暴力の原理。したがって、それは無限に近づいていくべき理想でもある。

(3) **禁欲の誓い**　国民に奉仕し、真に宗教的な栄光に生きようとすれば、既婚者でも未婚者でも禁欲生活に入《はい》らなければならない。さきのブラフマーチャリヤの生活である。

(4) **味覚制御の誓い**　動物的欲望をコントロールしようとする人は、味覚を制御しなければならない。食欲のコントロールはいちばんむずかしい誓いの一つである。

(5) **盗まない誓い**　単に泥棒《どろぼう》をしない、というだけのことではない。必要以上のものを持つということは、他の誰《だれ》かから盗んだのと同じだ、という見地から必要以上のものを持たないこと。

(6) **スワデーシの誓い**　スワラージ（自治）とならんで、スワデーシ（国産品愛用）ということがいわれる。

しかし、本来の意味は、自分の近所を離れて、よそで自分の欲望をみたすのは、人間存在の神聖なおきてから外《はず》れる、というのである。村に床屋があれば、その床屋で散髪《さんぱつ》すべきであって、いくら上手《じょうず》だからといってマドラスからきた床屋にかかってはならない。村の床屋が下手《へた》であれば、上手になるようみんなでマドラスへ修業にだしてやればよい。これがガンジーのスワデーシの誓いである。

(7) **畏《おそ》れないという誓い**　インドには一種の畏れがみちている。自由に口をひらいて、ものもいえない。真理の誓いに忠実であろうとすれば、畏れないことが絶対に必要である。

(8) **不可触民に関する誓い**　不可触民がいるということは、ヒンズーイズムの拭《ぬぐ》うべからざる汚点《おてん》である。インドのあらゆる不幸は、この不当な差別に由来する。

(9) **土着語《バナキユァース》による教育**　インドにおける言語問題解決のために、アシュラムではできるだけたくさんのインドの土着語を勉強することを要点にしなければならない。

(10) **手織りの着物（カダール）の誓い**　労働の権威を示すためにも、手織りの着物を着なければならない。真理への忠誠から、土着語の使用、白い木綿《もめん》のカダールにいたるまで、ガンジーとガンジー主義の実践に必要な大道具・小道具は、すべてここに網羅《もうら》されているように思われる。アシュラムは、ガンジー主義の学校であり、アシュラムの誓いは、その行動綱領である。

二つの最初の体験

どんな誓いも、どんな綱領も、すべて実践のなかで鍛えられる。先に述べたアフマダーバード近くのコチラブにアシュラムを設立して、二、三か月めに早くも最初の試練が訪れた。

ある不可触民の家族が、アシュラムに来ていっしょに住みたい、といっているという照会があったのである。後年のガンジー門下の人たちにとってなら、およそ問題にもならないことであるが、まだアシュラムの人たちには、それまでの訓練はなかった。

不可触民の一家というのは、ボンベイで教師をしていたという、ズダバーイとその妻ダニベーン、そして、娘のラクシュミであった。アシュラムの人たちは、誓いにしたがって、一家を迎え入れることになった。しかし、悶着《もんちゃく》はすぐに生じた。井戸の係りをしていた男が、不可触民といっしょに水を使うのに反対したのである。

アシュラムのなかでの反対は、説得でかたがつく。しかし、このことを知った外部からの援助者が、金銭の援助をストップしたのである。ガンジーは驚かなかった。いよいよ一文無《な》しになったら、不可触民の場所へ行って生活しよう。これがガンジーの信念であった。ある日突然見知らぬ人が、アシュラムを尋ねて来て、ガンジーに多額の金の援助を申し入れた。ガンジーは、この見知らぬ人の「神の恵み」で危機をのりこえることができた。

そのころ、ガンジーはベナーレスのヒンズー大学《カレッジ》の開校式に招かれて講演をした。式にはハーディング総督以下著名士が参加し、有名な接神論者でのちに会議派による民族運動の指導者となったベサント夫人が式を司会した。

ガンジーは、きわめて率直な意見を述べ、司会者から「中止」を命ぜられたほどであるが、この演説のなかでも、ガンジーは外国語である英語で話していることの屈辱《くつじょく》を訴えている。

ベナーレンにあるヒンズー大学（1916年創立）

また、インドの有名な科学者で、植物にも動物と同じ生命の機構《メカニズム》があることを明らかにしたボース教授や、同じく化学者のラーイ教授の業績にふれ、これらの人たちのすぐれた研究が大衆の共通の財産にならないのは、ことばの障壁によるものであることを明らかにし、これは恥ずべきことではないか、と訴えた。

さらに、ガンジーは自治政府《セルフ・ガバーンメント》の樹立について呼びかけた。どのような演説も、どのような紙上の貢献も、自治政府へむけて、インド人を訓練してくれはしない……われわれの救済は、ただ農民を通じてのみもたらされる。……われわれの行動、ただ行動のみが、自治政府にふさわしいものへとインド人を鍛えていくのだ、と語っている。

インドへ帰ってからの、この二つの最初の体験は、ガンジーのその後の生涯の方向を示すものとしてきわめて印象的である。

農民とともに

インドに帰ってからのガンジーの生活は、アシュラムのなかに限られていたのではない。かれ自身インドの大地をはだしで踏み出すための機縁は、偶然のことから訪れた。

一九一六年十二月、ガンジーはラックナウでひらかれていたインド国民会議派の年次大会に出席していた。そのとき、ビハール州のチャンパランから来たラジュクマル・シュルカという農民から、ぜひチャンパランへ来て農民の苦しい生活の実状を見てくれと訴えられた。一度ならず辞退したのだが、シュルカはガンジーの行くところ、どこへでもついてまわって熱心に懇請したので、翌十七年ガンジーは、ネパールに近いヒマラヤ山麓《さんろく》のチャンパランへでかけて行った。

藍《あい》小作人の闘争を指導

そこでは藍栽培の小作人たちが、イギリスの支配と地主の搾取という二重の苦しみのもとに極貧《ごくひん》の生活をしていた。農民は土地の十五パーセントに藍をつくり、それを地代がわりに強制的に地主に納めさせられていたのである。化学染料が普及する前には、インドの藍は染料としてきわめて貴重なものであった。

ガンジーは、何百何千人という小作人から、耕作や生活の実状をくわしく聞きとった。こうしたたんねんな調査に基づいて、ガンジーは農民の正当な権利を主張し、かれ自身逮捕されるという弾圧をうけながら、農民の主張を貫徹した。ガンジーと農民の直接のふれあいであり、同時に、ガンジーとインドとのふれあいであった。農民に依拠し、農民とともにたたかうという、ガンジーの生涯のルートの第一歩がこうして踏み出された。

この闘争には、インド各地からたくさんの人たちが応援にかけつけたが、そのなかには、ガンジーの生涯の盟友で、インド共和国初代の大統領となったラジェンドラ＝プラサドもいた。また、二十年余にわたって、ガンジーの最も信頼厚い秘書となったマハデブ＝デサイと知り合ったのも、このときであった。

一九一七年はロシア革命の年であるが、インドではきわめて少数のインテリゲンチャの間に若干の影響があっただけで、直接的な反応はまだあらわれていない。イギリスは必死になって、革命のニュースがインド人の間に広がることを押えたのである。

翌十八年、ガンジーはアシュラムのあるアフマダーバードで知人の経営していた繊維工場のストライキを指導した。それは労働者自身に一つの誓約を守らせ、それを貫徹するためにガンジーが断食に訴える、という一風変わった指導のもとにたたかわれたのであるが、ここでもガンジーは労働者の主張を貫徹することができた。そして、この闘争のとき、有力な弁護士バラブバイ＝パテルを初めて知った。パテルはガンジー側近のひとりで、のちにインド副首相になった人である。農民についで労働者との接触、こういう動きは、これまで国民会議派を中心とする政治運動にはみられないことであった。いわば、このような地ならし《リハーサル》ののちに、全インド的な抗英運動指導の本番をむかえるのである。

最初の不服従闘争

ガンジーは、南アフリカ時代にボーア戦争とズールー族の反乱でイギリスに協力したように、第一次世界大戦でもイギリスに奉仕した。ガンジーの胸のうちには、こうした協力と奉仕によって、イギリスと対等の地位が許され、インド人の権利が認められるだろう、という信頼と期待が動いていたのである。それを卑屈といえば、いい過ぎになるが、一種の政治的な甘さがそこにあった。

しかし、第一次世界大戦の結果、この甘い期待は無慙《むざん》に打ち砕かれた。イギリスは言論・思想・集会の自由を完全に抑圧した戦時立法を、戦後のインドに引き続き適用するという、悪名高いローラット法の実施をもって、インド人の戦争協力にむくいたからである。ローラットというのは、この法案作成の委員長の名である。

ガンジーの全インド的な抗英闘争は、このローラット法反対をもって火ぶたをきった。それはきわめてガンジー的な方法で始められた。一九一九年四月六日をハルタール（罷市《ひし》）の日ときめ、全インドがあたかも喪に服するように、戸をしめて仕事を放棄し、祈りと断食でイギリスに抗議しようというのである。

どうして、このような構想を思いついたか。それについて、ガンジーは『自伝』のなかで、朝早いうちに目がさめ、まだ眠っているのか、さめているかも定かでない、ぼんやりした状態のなかで、夢でもみるかのように急にこれを思いついた、と書いている。

回教徒は一日以上の断食はしないので、二十四時間やればいいことにした。インド全州がこの呼びかけにこたえるかどうか、確信があったわけではない。ただ、ボンベイ・マドラス・ビハール・シンドの各州はまちがいなく立ち上がるだろう、とガンジーは考えていた。

ところが、その日、全インドが隅《すみ》から隅まで、町も田舎もいっせいに、完全なハルタールを決行した。それはまさに驚異的な光景であった。市民的不服従を全インドが決行したのである。

この準備の過程で、若干のことが討議された。そして、大衆によって不服従の実行が容易なような法律についての不服従が決定された。

ガンジーが考えたのは、一つは製塩であった。政府の専売である塩税については、インド人民は極度に不満で、前にも大がかりな反対運動が起こったことがあった。そこでガンジーは、製塩法にかかわらず、これを無視して、各自が自分の家で海水から塩をつくることを考えた。

もう一つは、発売禁止にされていたガンジーの本を売ることであった。南アフリカ時代（一九〇六年）に書いた『インドの自治《ヒンズー・スワラージ》』（のちに英訳して『インディアン・ホーム・ルール』）と、同じく南アフリカ時代に感激して読んだラスキンの『この後の者に《アントゥ・ジス・ラスト》』が、『サルボダヤ』（『万人の幸福』）と題してグジャラート語に訳され、いずれもインド政府によって発禁になっていた。これらを増刷して公然と売り出そうというのである。これは飛ぶようにして売り切れた。

ここで気のつくことは、不服従運動が一見おだやかな否定的方法のたたかいであるにもかかわらず、政府の法律を無視し、これに挑戦《ちょうせん》するという権力に対する抵抗だということである。これはイギリス側にとっては、大きな衝撃であった。

この四月十三日、イギリスのダイヤ将軍がアムリツァールのジャリアンワラ公園で、集会中の群衆に向かって突如《とつじょ》機関銃で掃射し、三七九人の死者と一、一三七人の負傷者を出す大惨事を演じたのも、イギリス側の衝撃の大きさを物語るものであろう。

農民を広い底辺として

全インドが騒然たるなかに、一九二〇年八月一日、ガンジーはイギリスからもらったカイザリーヒンド勲章を返還し、だれにもできる大衆的な反英運動として、対英非協力運動《ノン・コオペレーション》にのりだした。これは、イギリスからもらったいっさいの称号や名誉職の返還、法廷や公立学校のボイコット、イギリス商品のボイコットなどを内容とする抵抗運動であった。

この大衆的な反英運動開始の日に、会議派の指導者ティラクが病逝《びょうせい》したことは、インドにガンジー時代が到来したことを、身をもって示したものであった。

このガンジー時代の特徴は、運動がこれまでのような知識階級、あるいは民族資本家中心のものから、農民を広い底辺とする大衆的な広がりをもったこと、運動の性格や色彩そのものがきわめてインド的民族的なかたちをとったこと、ヒンズー教徒と回教徒の提携、アンタッチャブル（不可触民）への融和・統合がすすめられたという点であろう。

ガンジー自身についていえば、一九一八年、まだ対英戦時協力のころに再び病気で倒れたとき、山羊の乳を飲むことを覚え、その回復期にはチャルカ（紡《つむ》ぎ車）を動かして糸を紡ぐことを覚えている。また、対英非協力運動でイギリス製のシャツや帽子をかぶることをやめるとともに、インド固有の白い腰布《ロイン・クロース》を着用することにし、すべてが土着的になった。会議派の大会でも英語ではなく、インドの地方語が登場するようになった。

しかし、ガンジー自身のやり方が土着的になり、ガンジーの運動が農民に依拠したことは、農民の階級的立場にたったということではなく、人口の大部分を占める農民のエネルギーを動員することによって、広範な民族主義《ナショナリズム》の立場を明確にしたものであった。この間に、ガンジーがインドの代表的な民族資本家ビルラを知り（一九二〇年）、生涯を通じての盟友となったのも、民族的立場を共通にすることによってのみ可能なことであった。ガンジーのイギリス製品ボイコット（国産品愛用《スワデーシ》）は、インド民族資本家の利益と合致するものであった（これらについてはⅡ「ガンジー主義と社会主義」「ガンジーと農民」などの項参照）。

ガンジーの精神主義、運動の方法論に制約があっただけでなく、ガンジーは農民を含めてのインド－ナショナリズムの指導者であって、農民や労働者の階級的立場を代表するものではなかった。

このことは、大衆運動が高揚し、イギリス側の暴力に抗して、大衆自身が革命的な暴力を爆発させる、という階級的な場面になると、ガンジーは常にこれを抑制する立場にたつ、ということに露骨《ろこつ》にあらわれている。

「ヒマラヤの誤算」

それは不服従・非協力の反英闘争が激化した一九二二年二月、インド北部(現在のウタールプラデシュ州)のチャウリーチャウラで、インド民衆による警官虐殺事件が起こったとき、つまり、運動の最高潮の瞬間に、きわめて劇的なかたちでうちだされた。

真理に忠実な非暴力運動に、暴力がはいったことを理由に、あたかもこれは「牛乳に砒素《ひそ》がはいった」も同じであり、自分は「ヒマラヤの誤算」をおかした、としてガンジーは非協力運動中止のタクトを振りおろしたのである。指導者も大衆も、その失望は大きかった。急ブレーキをかけられて、全インドは混乱した。

「ヒマラヤの誤算」ということばは、このときから普及したが、実際はもっと早い時期に、すでにガンジーは使っていた。最初のハルタールのとき、ガンジーはアフマダーバードの集会後、ナーディアードというところへ行き、そこで初めて「ヒマラヤの誤算」ということばを使っている。サティアグラハとしての不服従運動を展開するのには、それだけの訓練が必要であったのに、そのような訓練をあたえずに、大衆を立ち上がらせたのは大きな失敗だった、と感じて「ヒマラヤの誤算」といったのである。

これはやや大げさな表現のようだが、それにはもう一つ理由があった。自分のあやまちは凸レンズにかけて拡大し、他人のあやまちは凹レンズで縮小して見て、それでちょうどだ、というガンジーの信念である。

しかし、イギリス側はガンジーのあやまちを凹レンズでは見てくれなかった。非協力運動中止の直後、大衆の足並みが乱れ、イギリスという当面の大きな目標を失って、それがいわゆる宗派的《コミュナル》な内部争いに転化していった好機をとらえ、インド総督はガンジーを逮捕し、いわば革命的危機を転換してくれた恩人に、禁錮六年の刑をいいわたした。理由は機関紙「ヤングーインディア」に載せた三つの論文であった。

イギリスがインド人のあやまちを凸レンズで見ることについて、ガンジーはまるで無関心であるかのようであった。法廷でのガンジーの態度は堂々として、りっぱで、裁判長自身かろうじてイギリス帝国主義の権威をささえたほどであった。

しかも、被告ガンジーはこの「最初の審判」に、自分の職業をサバルマティのアシュラムに住む農業および機織《はた》り業として、つまりインド農民であることを誇りとしてのぞんだのであった。

ガンジーとタゴール

タゴールは、ガンジーより八つ年うえであった。そして、一九一三年に詩人および小説家としてノーベル文学賞を受けている。インドがうんだ、この二人の偉大な同時代人に

二人の同時代人

ついて、二人を知る人たちの間で、よく対照的な比較が行なわれている。

この二人をやはり同時代のキリスト者であるエラスムス*とルター**に比較し、ジャハイネス＝ホルメスは、タゴールを貴族主義的芸術家でプロレタリアの同情者となった民主主義者、ガンジーを古代インドの伝統を代表し、インド農民の権化《ごんげ》であるとし、K・R・クリパラニは、一九四〇年二月、シャーンティニケータンで行なわれたこの二人の会見を最も感激的な、最も美しい出会いと呼んでいる。また、タゴールとガンジーの仲介者であったキリスト者アンドリュウズも、二人の間の深い友情と同時に鋭い相違点を指摘している。

これらの比較からも明らかなように、ガンジーとタゴールは、気質のうえで、日常生活の享受において、きわめて対照的であった。もちろん、二人はきわめて親しい間柄であった。ガンジーが南アフリカから先に

* エラスムス（一四六七〜一五三六） ポーランド生まれの宗教学者。
** ルター（一四八三〜一五四六） ドイツ生まれの宗教改革者。

インドへ帰らせたアシュラムの人たちを最初に滞在させてもらったのは、タゴールのシャーンティニケータンであったし、ガンジーにマハートマ（偉大な魂）の称号をおくったのも、タゴールであった。

しかし、ガンジーの対英不服従・非協力の呼びかけに対して、タゴールは一方で同調しながらも、一方ではその原理について疑問と批判を提出した。タゴールは三回にわたって、ガンジーに手紙を書き、ガンジーはこれについて機関紙「ヤングーインディア」で答え、さらにタゴールは自分の主宰《しゆさい》する雑誌『モーダンーレビュー』で再論し、ガンジーはふたたび「ヤングーインディア」で反論している。

この論争は、二人の同時代人の個性的な気質の相違というよりは、その時代的背景と、それへのかかわり方の相違を知るうえで、きわめて興味がある。

非協力の否定面について

タゴールが何より恐れたのは、非協力運動の否定的な側面についてであった。それは分離《セパレーション》・排他性《エキスクルシーブネス》・偏狭《ナロウネス》・否定《ネゲーション》の原理によるものではないか。つまり、これはインドと西方との間に万里の長城を築くことになりはせぬか、というのである。

ガンジーは、非協力にはタゴールの憂慮するようなことは少しもなく、インドが非協力運動をすすめるについて恥ずべきことは一点もないことを強調した。ガンジーによると、それは相互の尊敬と信託に基づく、真の尊敬すべき、自主的な協力への道をひらくためのものであり、当面の闘争は、「強制された協力、一方的な結合、文明の仮面のもとに近代的な方法による搾取を行なう武力的な抑圧に反対する」ためのものである。非協力とは、つまり、このような無意識の、好ましからぬ悪への参加を拒否するものだ、というのである。

さらに、タゴールが心配したのは、学生の問題についてであった。非協力運動では、学生は政府系の公立学校からひきあげることになっていた。他の学校へ移ることなしに、学校をやめてはならない、というのがタゴールの見解であった。この点では、ガンジーは、文字どおり見解を異にした。ガンジーは、学校での学問を至上と考えない。かれの経験によれば「学問の訓練だけでは、道義的な高さへ一インチもひきあげてくれない。性格の形成と学問上の訓練とは別のものである。」当時の政府公立の学校の教育は、インド人を失望させるだけである、というのである。

保守的にみえるガンジーが、このように徹底した思想をもっているのは、一つには教育そのものについて根本的な考え方をいだいていたからであろう。

しかし、ガンジーとタゴールの見解の相違のうらには、もっと深い対立の溝《みぞ》があった。たとえば、タゴールはインドにおけるヒンズーイズムの本質、すなわちムクティ（Mukti）は「解放」であるが、仏教ではこれをねはん（Nirvana）すなわち「消滅」である、としている。ムクティは、われわれの関心を積極的なものに向け、ねはんはわれわれを真理の否定的な面へ向かわせる。そこで、タゴールは悲惨な暗い面を避け、到達しなければならない歓楽の面を強調しているのだ、というのである。

ガンジーの場合は、そうではない。ガンジーによれば、インドの古典『ウパニシャッド』の究極のことばは

「ノー」である。「これに非《あら》ず」(Neti) というのが、『ウパニシャッド』の著者たちが、ブラーフマンのために見いだすことのできた最上の表現である。タゴールは、非協力の否定的な面を不必要に警戒しているのだ。われわれインド人は「ノー」ということばをいう力を失ってしまった。政府に対して「ノー」をいうことは、不忠義であり、ほとんどそれは神に対する冒瀆《ぼうとく》のようにされてきた。慎重に考えた協力への拒否は、ちょうど耕作者が種をまく前に雑草をとりのけるようなものだ。除草ということは、種まきと同じように、農業にとって必要なことである。

非協力は、もはや保護のもとに満足できない、という民族的自覚のあらわれであり、それは詩人(タゴール)が求めてやまない愛国心にほんとうの意味をあたえるものだ。「ヨーロッパの足もとにひれ伏したインドは、人類に希望をもたらすことはできない。」

いってみれば、タゴールが積極的な、歓喜の面を強調したのに対して、ガンジーはこの積極面をうちだすために必要な過程としての否定面をおしだした。それはインドの思想、インドの伝統につきまとう二つの側面の反映でもあった。

外国製衣類の焼き払い

タゴールとガンジーの対立は、このような哲学的な論争に終始したのではない。問題はもっと具体的である。先にもあげたように、タゴールは『モーダン・レビュウ』誌に「真理の使命」という論文を書いて、ガンジーの非協力運動、とくにイギリス製織物の焼き払いに反対した。

この論文でもタゴールはガンジーへの敬意と愛情を披瀝《ひれき》したあと、「われわれは、愛の真理をその純粋性において習得しなければならないが、スワラージ（自治）を建設するための科学と芸術も、広範な課題である」ことを指摘し、衣類の焼き払いに言及している。

特別製（イギリス製品の意味）の衣類を着るか、着ないかの問題は、主として経済学に属する。したがって、この問題についてのインド人の討論は、経済学のことばでやらねばならない。

つまり、狂気にみちたような興奮した行動はとるべきでない、というのである。タゴールは、反対の理由を二つあげている。

第一に、盲目的に服従する、というやり方に対して果敢に闘争するのが、私の第一の義務である。

第二に、焼かれる衣類は、わたしのものではないが、それはもっとも必要としている人たちに属すべきものではないか。

つまり、ガンジーの命令に盲従して、衣類を焼くような蛮行はやめて、貧しい人たちに着せればいいではないか、というのである。

ガンジーは、これに対して、「偉大な警告」という論文でこたえている。ガンジーも命令への盲従には反対だ。「愛への盲目的な従属は、しばしば暴君の鞭《むち》に対する強制的な従属よりも有害である。」しかし、衣類の焼き払いは、そういう問題ではない。

ガンジーは祖国インドを火事場にたとえている。いま家が燃えているとき、なかにいるすべての人がなすべきことは、飛びだして火を消すためバケツの水をかけることだ。自分のまわりのすべてが飢えて死にかかっているとき、その人に許された唯一《ゆいいつ》の仕事は、飢えをみたすことである。ここでガンジーはインド各地の窮乏の実情にふれ、この火急を救うことが唯一最高の義務である、という。

「われわれの都市は、インドではない。インドは、全国七十五万の村落のなかにある。都会はこれらの村落のうえに生きている。かれらは外の国から富をもってくるのではない。都会の人たちは、外国のブローカーであり、仲介の代理業者だ……」

紡ぎ車への悲願　ガンジーの依存しているインドは、農村であり、農民であり、飢えて死にかかった人たちである。イギリス製の衣類を焼き払うことと離れがたく結びついて、ここに紡ぎ車《チャルカ》が登場する。

「インドを紡ぎ車へかりたてるのは、飢えである。紡ぎ車の使命は、すべてのなかでもっとも高貴である。それは愛の使命だから……。そして、愛こそがスワラージ(自治)である。」ガンジーは、紡ぎ車への悲願は、労働の権威への悲願である、ともいっている。紡ぎ車――このインドの土着的なものへのガンジーの愛情と固執は、熱情をおびてくる。

「紡ぎ車をそのあるべき権威ある場所から追っぽりだしたのが、われわれの外国製衣類への嗜好《しこう》だ。それで、わたしは外国製の衣類を着るのは、罪悪だと考えるのである。」

もっとも、タゴールが指摘した経済問題については、ガンジーは「わたしは経済と倫理の間に、鋭い、あるいは何らかの区別をしなかったことを告白しなければならない。」といっている。政治と経済と愛とが一体化したのがガンジーの非協力であり、不服従であり、抵抗の武器としての紡ぎ車であった。

ガンジーは敵と味方はもちろん、敵の所在については、正確なねらいを定めていた。

「われわれの非協力は、イギリスとの非協力でもなければ、西方との非協力でもない。われわれの非協力は、イギリスがつくりだした制度との非協力であり、物質文明およびそれにともなう貪欲《どんよく》と、弱者にたいする搾取との非協力である。……溺《おぼ》れかかった者は、他人を救うことはできない。他人を救うのにふさわしくなろうとすれば、われわれ自身を救うことにつとめなければならない。インドの民族主義は、排他的でも、攻撃的でも、破壊的でもない。それは健全な、宗教的な、したがって人道主義的なものである。」

そして、このあとでガンジーが「わたしは悩めるインドの人びとの心を十五世紀の織り工《こう》カビールの一編の歌でなぐさめることはできないことを知った。飢えた数百万の人たちは、一つの詩——生きづけてくれる食べものを求めている。しかし、それはあたえられるものではない。自分で手にいれなければならないものだ。かれらは額《ひたい》に汗することによってのみ、それを手に入れることができる。」と書いているのは、高居の詩人タゴールへの親愛の情とともに、若干の皮肉をこめたものであろうか。

塩の進軍

チャウリ＝チャウラの暴力事件で、非協力運動を突如中止し、逮捕されて獄に下ったガンジーは、盲腸炎のため、病院にはいって手術をうけた。政治犯のガンジーに万一のことがあっては大変だと、この手術騒ぎは、かなり大げさなものであった。手術は無事にすんだが、予後がわるかったため、ガンジーは刑期をのこしたまま釈放された。そのころ、ガンジーは盟友の回教徒指導者モハメッド＝アリの家で、回-印両教徒融和のための劇的な二十一日間の断食を行なった。全インド手紡ぎ協会の結成にものりだした。

しかし、インド民族運動の主流から離れたわけではなかった。

完全独立の決議　ガンジーの思想や政治闘争の方法に大きな矛盾と不満を感じながらも、ネルーは結局ガンジーの指導にしたがっていた。とくに、ネルー自身インド農民に直接ふれることによって、政治的に開眼された。そうした目で見ると、ガンジーには、その方法の古さにもかかわらず、インド的・現実的なエネルギーがあるように見えた。それは書物のうえだけのマルクス主義や社会主義からは、とうていつかみえないものであった。

そのような若いネルーをガンジーの方でも、単にネルーの父モティラール＝ネルーの親友という関係からだけでなく、信頼し、期待した。その具体的なあらわれの一つは、ガンジーとネルーとの協力のもとに行なわれた一九二八年の国民会議派大会での「今後一年以内にインドに憲法と自治領の地位を認めなければ、第三次の全国民的不服従を開始する」という決議である。そして、不服従運動の時期や方法についてはガンジーに一任されることになった。

もちろん、一年以内にこの要求はみたされなかった。そして、ガンジーの推《お》したネルー議長のもとでの一九二九年の国民会議派大会では、予定どおり完全独立を要求し、一月二十六日をインド独立のための誓いの日に決めることになった。この独立への誓いの文章は、ガンジー自身によって起草された。独立を象徴するための三色旗も制定された。ガンジーはヒンズー教徒と回教徒との融和を示す赤と青との二色に、その他の社会層を代表する白色を加えたもののまん中に紡ぎ車を入れることを忘れなかった。

翌三十年の一月三十日、ガンジーは時のインド総督アーウィンにあてて十一項目の要求を提出した。それは全面的禁酒を第一条とし、護身のための火器使用の許可を第十一条としたもので、その第四条に塩税の廃止がかかげられていた。

塩の進軍

ここで私は、これまで幾たびも書いてきたガンジーの塩の進軍にふれないわけにはいかない。

ガンジーはじみな精神主義者であり、いわば修養論者のようであった。しかし、かれの背後には幾百万人の飢えたインドの大衆がいた。大衆の指導者であれば、必ず大衆運動の一つの見せ場をもつものである。そうでなければほんとうの大衆指導者とはいえない。ほんとうの大衆指導者でないわれわれにはとうてい望みえないことであるが、ガンジーはこの見せ場に、かれ一流の姿と足どりで登場する。インド人大衆の必需品であるばかりでなく、聖なる牛の大事な飼料である塩をひっさげて立ったガンジーの姿は、まさに風を切って颯爽《さっそう》としている。

おとなしいインド人を奴隷の境涯につき落としたのは、イギリス統治による近代的な搾取制度だ。インドが独立すれば、旧来の制度を改革し、農民の生活を第一義的に優先して解決しなければならない。今、インド人が生きて行くのに必要不可欠な塩にまで不当な税をかけられている。塩は金持ちよりも貧乏人が余計に必要としているものだ。対英不服従・非協力の抵抗運動の延長線上で、ガンジーは、この塩を手にして立ち上がったのである。

一九三〇年三月十二日の夜明け前、ガンジーは、いわゆる「ビダヤピト」（政府系学校をボイコットしてつくったインド人の大学）の学生を含めて、七十九人の弟子たちを引き連れ、アシュラムを出てダンディーの浜へ向かった。ダンディーは当時のボンベイ州のジャラルプール近くの海岸にあり、サバルマティーのガンジー・アシュラムからは約二〇〇マイル（約三二一キロメートル）のところにあった。

満六十歳をこえたガンジーは、杖《つえ》をついて隊列の先頭に立ったが、その足どりはしっかりとして、若い人たちより歩く速度も速かった。行進中にもガンジーは集会をひらいて人々に演説をし、紡ぎ車を繰り、日記をつけた。沿道では、ガンジーの顔を見るだけ、かたわらにいるだけで祝福にあずかれるとして素朴《そぼく》な人たちが、屋根の上にも、木の上にも鈴なりになっていた。そして、「ガンジー万歳《キジャイ》！」の叫びが、行進の空にこだました。

日を重ねるごとに隊列はふくれあがり、それは二マイル（約三、二キロメートル）以上にわたって続いた。ある人はそれをモーゼにしたがって、エジプトを脱出したイスラエル人の群れにたとえ、ある人はエルバ島から帰還したナポレオンのパリ進軍にたとえた。

信念と気魄《きはく》では、そこに共通する多くのものがあるかもしれないが、ここはイギリス植民地統治下のインドであり、しかも、ガンジーの目ざしているのは、海浜の風に身を清め、イギリスの法律を破って塩をつくることであった。これはだれにもわかるきわめて具体的な、大衆的な行動の展開であった。

道は村から村へ続き、民衆は水をまき、木の葉を敷いてガンジーの通る道を清めてくれた。そのうえを一歩一歩踏みしめながらガンジーが自分に語り、人々に呼びかけたのは、この一歩一歩がスワラージ（自治）への道だ、ということであった。

法律破り！

ガンジーの一団は、四月五日の朝、目的地のダンジーへ着いた。塩つくりの不服従は、翌六日の朝六時半を期して行なわれることになった。四月六日はインド人にとって忘れることのできないアムリツァールの虐殺の記念日に当たり、一九一九年のあの事件以来、イギリスへの抗議をこめて、インドではこの日が、償いと清めの日に決められていた。

朝の祈りの後、六時にガンジーは、一団の人たちといっしょに身を清めに海水の中へはいった。ゆっくりとした歩調で、厳粛《げんしゅく》に、海水へ足を踏み入れたとき「マハートマ＝ガンジー万歳《キジャイ》！」の声があがった。ガンジーは古い同志であるアバス＝ティヤブジ夫人と、同じく女流詩人のサロディニ＝ナイドゥ女史の肩によりかかっていた。

それから、ガンジーとその弟子たちは、海浜にかたまっている塩をつまんで、塩税法無視の行動にでた。ナイドゥ女史が、大きな声で「法律破り《ロー・ブレーカー》！」と叫んで、ガンジーを祝福した。海浜にはひとりの警官の姿もなく、ガンジーと弟子たちは潮風に吹かれながら、法律破りを続けた。これはイギリス権力への直接的な挑戦という点で、全インド人民の政治的目ざめを促すうえで画期的なことであった。

しかし、イギリス当局は、ガンジーとその一団に対して自由に法律破りを許したのではない。塩の進軍が全インドに波及し、塩のできるところでは、塩つくりの法律破り、塩をつくれないところでは、外国製衣類を売る店のピケに全インド人が動員され、これには日ごろ街頭に出たことのない深窓のインド婦人たちも参加した。

このような運動の最高潮の時期を見はからって、五月五日の真夜中に、ガンジーはダンディーの近くのマンゴーの茂みのなかに臨時に設営していたアシュラムで逮捕された。

塩というシンボル、ガンジーというシンボル。この二つのシンボルを中心に、世界恐慌下の全インドをゆすぶった革命的な高揚も、シンボルを失ったことによって部分的にはまだ抵抗の波頭をみせながらも、文字どおり潮の退くようにしだいに静まっていった。大衆への密着という点でのガンジー指導の長所と同時に、「偉大な」指導者ガンジーへの大衆の従属という短所が、この第三次不服従運動にもよく示されている。

そして、これはガンジーの全生涯を通じての問題であり、したがってガンジー指導下の全インド民族運動を通じての問題であった。

円卓会議とその周辺

イギリスとの休戦協定　塩の法律破りで、ガンジーが獄中にいたとき、すなわち一九三〇年十一月に、イギリスはインドの各代表をロンドンに招いて、円卓会議をひらいた。かねて調査中のインドに憲法上の進歩をもたらす問題、あるいは自治領の地位などについて討議しようというのである。ガンジーは自由を失っていたし、すでに「完全な独立」という旗じるしを明確にしている国民会議派は、この円卓会議に反対し、代表を送らなかった。

しかし、ガンジーの出席しない英・印円卓会議が、いかに無意味であるかは、だれの目にも明らかであったし、イギリスにとっても、それは何の効果もないものであった。

一九三一年一月二十六日、独立記念日にガンジーは無条件で釈放された。そして、ガンジーとアーウィン総督の間に交渉が始められた。結局交渉が成立した。三月五日に成立したこの協定は、インド側が大衆的不服従運動を中止し、円卓会議に参加することを認め、イギリス側は十万人以上にのぼったインド人政治犯を釈放し、塩については海岸から一定距離以内に住む者は、無税で塩をつくることを認める、というものであった。

ロンドン円卓会議

塩に関する限りでは、ガンジーの熱意が汲《く》みとられたかのようであるが、このガンジー‐アーウィン協定は、インド側の無条件降伏に近い休戦協定であり、ガンジーの妥協癖を自己暴露したものであった。

円卓会議に出席することは、会議派の本意でなかったし、ガンジー自身もイギリスの召集による会議が何であるかはよく知っていた。しかし、協定に基づいて、ガンジーが会議派を代表して参加することになった。「塩の進軍」でまき起こされた大衆行動の高揚は、イギリス当局をおびえさせるほどの打撃をあたえたのだが、ガンジーはこれを猛烈な持続的なたたかいに発展させることができなかった。先の「ヒマラヤの誤算」に続くガンジーの大きな政治的失点である。

円卓会議のなかで

第二回円卓会議は九月十二日からひらかれ、間隔をおいて、十二月一日まで続いた。もともと円卓《ラウンド》会議《・テーブル》なるものは、六世紀ころのイギリス国王アーサーが、自分の家臣たちを大テーブルの回りにすわらせてひらいたことに由来するといわれるが、第二回円卓会議の出席者一一二名のうち二十名がイギリス政府の代表、二十二名がイギリス理事官のもとにある藩王国《ステート》の代表、六十五名が英領インド各州の代表であった。

インド独立の問題、連邦構成の問題、インドの少数派《マイノリティズ》つまり回教徒や不可触民の問題など、議題は多岐にわたり、いくつかの分科会ができた。ガンジーは、ときのイギリス首相マクドナルドの司会した総会でも演説し、各分科会でもそれぞれの議題について発言した。ガンジーは、南アフリカ以来、一貫してインドを「一つの全体」として考えていた。この一つのインドの政治的要求を代表しているのが、国民会議派であり、その国民会議派を代表しているのが、ガンジー自身であるとの責任を感じていた。

しかも、この一つのインドの目標は、完全な独立であり、民族の自由である。その他の問題は、この中心的な目標が達成されることによって、ちょうど糸の結びめをほぐしていくように解決されるべきものである。

しかし、イギリスの側からは、そうでなかった。回教徒や藩王や不可触民など、いわゆる少数派による宗派《コミュナル》問題は、インドにとっての本質的な問題である。これらの解決あるいは対策なしには、独立も自由も問題にならない。会議派を、そして、一つのインドを代表して、最も基本的な問題に迫ろうとするガンジーの発言は、これと対立する少数派の発言によって、相撃ちとなり、相殺された。こうして、インドの分裂した部分をさらけだし、「これがインドだ！」ということをインドおよび世界の面前に露呈させるのが、イギリス特有の、いわゆる分割統治政策《ディバイド・アンド・ルール》であった。

ガンジーは、老猾《ろうかい》なイギリスのかけたワナにまんまとひっかけられたのだ。しかし、ガンジーはマクドナルドの出席した閉会総会でも、すべての討議を総括したうえで、イギリスとインドの関係の本質を衝《つ》く発言をしている。

「外国（イギリス）の支配というクサビがうちこまれているかぎり、宗団《コミュナル》と宗団はわけられ、階級《クラス》と階級はわけられて、そこには真の生きた解決はないし、宗団の間の生きた友好もない……。」

「イギリスの支配がないとき、イギリス人の顔が（インドに）みられなかった時代に、ヒンズー教徒と回教徒とシーク教徒は、いつも争っていたであろうか。ヒンズーの歴史家によっても、回教徒の歴史家によっても、われわれはお互いに平和に暮らしていたことが明らかである……」

しかし、すべてはむなしかった。円卓会議はマクドナルド首相の提案によって、インド連邦の統治にインド人が選挙を通じて参加するときにも、ヒンズー教徒と回教徒、その他不可触民など、それぞれの宗団に応じて有権者と議席数を裁定《アワード》して割りあてることが決定されたからである。いわゆる宗団裁定《コミュナル・アワード》である。

円卓会議で明らかにされたのは、一つのインドの独立への接近ではなく、インド分裂化への促進であった。

円卓会議の外で

円卓会議に出席したガンジーは、ロンドンの貧民街《スラム》イーストエンドにあるセツルメント、「キングスレー＝ホール」を宿舎にした。会場からも遠い、このような場所を選んだのは、ガンジー自身イギリスの貧しい人たちとの接触を好んだためでもあるが、ホテルではガンジーがインドから連れて行った山羊をいっしょに泊めてくれないから、という理由もあげられている。

この貧民街の社会施設であるセツルメントで、ガンジーは付近の子どもたちから「ガンジーおじさん」（アンクル＝ガンジー）の名で親しまれた。ちょうど、これは北ベトナムのホー＝チミン主席が北ベトナムの子どもたちや大人たちからも、「ホーおじさん」（バク＝ホー）の名で親しまれたのと似ている。実際にも、ある時期ホー＝チミンは、「インドシナのガンジー」と呼ばれたことがあった。

この貧民街の子どもたちから、ガンジーは六十二歳の誕生日に、そまつな、しかし、心のこもったバースデーケーキを贈られ、ロウソクに火をともしてお祝いをしてもらった。

円卓会議に出席したのを機会に、ガンジーはイギリス各界・各方面の人々と会い、いろいろな会合に出席している。そのなかにはイギリス国王と女王、皮肉《ひにく》で知られた劇作家バーナード＝ショウ、イギリス国教会の総本山カンタベリーの大司教、マリア＝モンテソリー夫人、ハロルド＝ラスキ、そして南アフリカ時代のかつての政敵スマッツ将軍などが含まれている。

これらの人々に会ったり、あまり重要とも思われない各種会合に出席したのは、ガンジーがそのエネルギーを円卓会議に集中できないようにさせようとしたイギリス側の策略にのせられたのだ、という見方をする人もある。しかし、ガンジー自身の側にも喜んで、そういう会見や会合に出て行く傾向があり、また、断わりきれなくて参加した場合もあったであろう。ガンジーがロンドンで、いかに有名税の負担にたえたかは、次のスケジュールを見れば明らかである。これはとくべつに忙しい一日ではなく、普通の日程である。

午前一時　キングスレー・ホール帰着
午前一時四十五分　一六〇ヤード（約一四六メートル）の糸紡ぎの日課
午前一時五十分　その日一日の日記記入
午前二時〜三時四十五分　睡眠
午前三時四十五分〜五時　洗面と祈り
午前五時〜六時　休息
午前六時〜七時　散歩しながらインタビュー
午前七時〜八時　朝の沐浴《もくよく》
午前八時〜八時半　朝食
午前八時半〜九時十五分　自動車で事務所へ
午前九時十五分〜四十五分　ジャーナリスト・芸術家・円卓会議のシーク教徒代表・実業家と会見
午前十時四十五分〜十一時　セントージェームス宮殿（円卓会議会場）へ
午前十一時〜午後一時　円卓会議

午後一時～二時四十五分　アメリカ・ジャーナリスト午餐《ごさん》会で講演
午後三時～五時　回教徒と会議
午後五時～七時　インド省大臣と会議
午後七時～七時半　キングスレー・ホールへ帰って祈りと夕食
午後八時～九時十分　禁酒運動の活動家と会議
午後九時十分～四十五分　移動
午後九時四十五分～十二時　（インドの）ボーパルの宰相《ナワーブ》と会議
午後十二時半　キングスレー・ホールへ

どのような売れっ子のタレントも、どのように多忙な政治家でも、これ以上の日程は組めないであろう。睡眠は、わずかに一時間四十五分である。

これらのうち会見やその他の事務については、円卓会議の会場に近いナイツブリッジに事務所を設けて、そこで行なうことにしていた。

ランカシャーへの訪問

このスケジュールのなかには、インドにとっても、ガンジーにとっても、それほど重要でないものが含まれている。それを自ら整理せず、一日の睡眠を二時間足らずにして、それらを埋めているところに、他人にはわからないガンジーの悲劇があるのかもしれない。

多忙のむださは、第三者の目からのみ厳正《げんせい》に批判できるものである。

ナイツブリッジの事務所で、ガンジーの通訳兼秘書役をしたハリソン嬢の記録があるが、彼女は部屋《へや》の片隅からガンジーの姿を見て、「弱々しい肩の上に重い荷（天）を担《にな》ったアトラス（ギリシア神話の神）を思いうかべた。」と書いている。

忙しい日程のなかで、ガンジーとの会見を拒絶したのは、イギリス軍の実力者チャーチルと、その後のローマ法王の二人であった。チャーチルは、独立だの、自由だのとたわごとをいう「半裸の気狂《きちが》い坊主《ぼうず》」を頭からきらっていたし、法王は地上に「聖者」と呼ばれる者が登場するのを好まなかったのである。

こういう多忙の合い間に、ガンジーはラジオでアメリカ向けの放送をした。

「もし、インドが過去の栄光をとり戻《もど》そうとすれば、自由をかちえたときにのみ、それを果たすことができる。インドの闘争が世界の注目をあびている理由は、インドが自国の自由のためにたたかっているという事実のなかにあるのではなく、その自由をかちとるためにインド人がとっている手段が、誰も行なったことのない独自なものだからである。」

ガンジーは、例によって草稿なしに、即席《そくせき》でこの放送を行なった。しかし、機械に弱いかれらしく、すでに放送が始まっているのに、マイクをさして、「これにむかって話しこめばいいのですか。」という声がはいり、また、最後に時間がきて技術者が合い図をして話をうち切るように知らせたときも、「よろしい、これで終わり。」と答えた。この声は大西洋を越えて、アメリカに伝わった。翌日、アメリカの新聞はこの放送を大きく報道したが、イギリスの新聞は完全に黙殺した。よくあることである。

しかし、円卓会議の外でのできごとで、とくに記録しておく必要があるのは、イギリス繊維業の中心地ランカシャーへ出かけたことであろう。かつてイギリスは、ランカシャーの製品でインド経済を破壊した。しかし、いまガンジーによる外国製衣類のボイコットで、ランカシャーは不況のどん底にあった。いわばガンジーは、ランカシャーの繊維資本家はもちろん、その従業員からも敵視される立場にあった。

それにもかかわらず、ガンジーの態度は堂々としていて、少しのお世辞《せじ》も、ごまかしもなく、その主張を曲げていない。そして、不況をすべてインドのせいにするのは正しくないことを指摘した。

「ここにも失業者がいることは、わたしを苦しめる。しかし、ここには飢餓《きが》も半飢餓もない。インドには、この二つがある。」

ガンジーは、ここでもインド農村の実情を訴えた。世界恐慌下のイギリスに三百万人の失業者がいるとすれば、インドには三億の失業者および半年（六か月）の半失業者がいる。しかも、インドはイギリス東インド会社が侵入してきて、手工業を破壊するまでは、すべて自給自足できていたのである。

演説のなかで、ガンジーはいかにかれが「経済と倫理と政治をわかち難《がた》いほどに結びつけていたか」を反省もしているが、さらに熱っぽい口調で、飢えている者・半分飢えている者には「神はパンとバターのかたちであらわれる。」と、次のようにいっている。

「われわれが結構な朝食をいただき、さらに結構な昼食を待ちながら、ここに坐《すわ》って神の話を語るのはもう十分だ。一日に二食もとれない数百万の人たちに、どういって神のことを説けばいいだろう。かれらにとって、神はただパンとバターのかたちでだけあらわれるのだ。」

ガンジーは必ずしも、観念的にだけ神を説いたのではない。

円卓会議のあと、ガンジーは、スイスのレマン湖畔にロマン=ロランを尋ねて、六日間滞在し、それから一九三一年の暮れもおしつまってインドへ帰った。

死にいたる断食

円卓会議からインドへ帰ってまもなく理由も示されず、期間もなく、ガンジーはまた逮捕された。一世紀前からの法律――正確には一八二七年の条例第三十五号に基づく逮捕であった。ふたたびイエラブダーの監獄に入れられたのである。

ここで、ガンジーは有名な死にいたるまでの断食を行なう。ガンジーは生涯を通じて南アフリカで二回、インドへ帰ってから十回の歴史的な断食を行なっているが、このときのイエラブダーでの断食は、最も劇的なものであった。『ガンジーの生涯』（邦訳『ガンジー』）の著者ルイス＝フィッシャーは「クライマックス」という一章を設けて、この断食のことを書いているが、重複を避けるため、ここではピヤレラールの著書『断食叙事詩』（Pyarelal ; The Epic Fast 1932）によって、その模様を伝えることにしよう。

死にいたる断食　このときの断食は、イギリスが円卓会議の裁定《アワード》に基づいて、ヒンズー教徒と回教徒、それに不可触階級の分離選挙を法的に制定しようとしたことに対する反対の表明であった。

一九三二年九月二十日、ガンジーは断食を始めた。朝、といっても夜中に近いころ起きたガンジーは、朝の祈りにかれの愛好するインド古典『ベイシュナバージャーナ』を誦《しょう》し、ミルクと果物《くだもの》でいつもの朝食をすませた。

六時半から八時まで、かれは『ギーター』を吟誦させた。十一時半、レモン・ジュースと暖かい湯にとかせた蜂蜜《はちみつ》で最後の食事をした。グジャラート出身の老大家アバス＝ティヤブジーの一番上の娘きんによって、ガンジーへの美しい讃歌がささげられた。

「おお
　旅人よ　起きよ
　朝がきた
　お前はいつまで
　眠っているのか……」

監獄の時計が十二時を打った。それを合い図に断食が始まったのである。

断食は、ガンジーにとってめずらしいことではないが、死にいたるまでの断食で、いつまでもちこたえられるのか、人々の憂愁《ゆうしゅう》は深かった。一九二四年モハメッド＝アリの家での断食の場合に比べても、事情はちがっていた。今はもうガンジーも六十歳をこえている。八年前に比べて、肉体の試練という点でも、これはきびしかった。ましてこれは獄中でのできごとである。

断食二日め、つまり九月二十一日の朝、ガンジーは獄内のある特別の場所へ移された。低く垂《た》れたマンゴーの木の下で、固い鉄製のベッドの上に、かれは横たわっていた。側近者としては、バラブバイ＝パテルと秘書のマハデブ＝デサイがかたわらについていた。ナイドゥ女史も、女囚の部屋からここに移されて来た。夜は空に星座が見えた。

二十一日には、ベッドからバスルームまで歩いて行った。付き添いの手をかりてではあるが、二十二日まで、それを続けた。デリーの断食のときは、時間をきめて、いわば科学的に水を飲んだが、今度は時間を定めず、いきあたりばったりに水を飲んだ。断食がすすむと、身体が焼けつくように痛んでくる。デリーのときは、マッサージやシャンプーその他で、これをほぐした。今度はそれもしなかった。

ただ、ガンジー夫人が来てからは、マッサージを受けた。それはガンジー自身のためというよりは、夫人の気持ちを和らげるためであった。

肉体の疲労ははげしかった。声も細くなった。ただ、熱のこもった会話のときだけ目がかがやき、それが精神力の強さを物語っていた。二十二日からは、エネルギーの消耗を少しでも防ぐために、担架で移動させられた。

二十四日には、ボンベイから来ていた医師たちが、監獄医とも相談して、不必要な面会や対談をやめさせなければ、容態があぶないと考えた。血圧も高かった。政府は、夜も二人の付き添いがつくことを許した。

二十六日には、容態が危険になったので、浣腸《かんちょう》のとき、二度にわたって重炭酸ソーダを水にとかして注射した。その日、カルカッタから詩人（タゴール）がやって来た。

タゴールが来たのは、二十六日の正午であった。この出会いは、最も感動的なシーンであった。タゴールは疲れて横たわっているガンジーのかたわらへことばもなく近づいた。そして、ガンジーの胸のところへかけてあった布《きれ》で自分の顔をおおい、高ぶる感情を押えるようにしばらくそのまま立っていた。

「わたしは吉報の波にのってやって来ました。ちょうどいいときに来られて、わたしは心からうれしく思います。」

タゴールは、ようやく声をとりもどして、こういった。ガンジーが獄中で断食を続けている間に、ボンベイのビルラ邸で、ヒンズー教徒と不可触民の指導者たちとが交渉を続け、二十六日の朝不可触民の指導者でガンジーの今度の断食を「政治的曲芸」と呼んでいたアンベドカーとヒンズー教徒との間に、もちろんガンジーの同意をえて、分離選挙廃止についての妥協が成立した。タゴールはそのニュースをすでに聞いていたのである。

詩と音楽の祝福

詩人とガンジーは、いろいろな問題について話したが、詩人は不可触民問題の社会的側面に関する限り、ガンジーの負担を少しでも軽くするための努力をささげたいと語った。

この際、それよりも注目すべきことが一つある。ガンジーと音楽についてのエピソードである。ガンジ

タゴールとガンジー

ーは、タゴールが自作の詩をうたうときには、のがさずそれに耳を傾けたし、また、肉体的に悩んでいるとき、音楽はそれを和らげる効果のあることを知っていたので、必要な医学的手段として、かれに音楽をあたえてほしいと考えた。これは許された。二十七日と二十八日の晩にも、かれの好きな聖歌が、街《まち》からやって来た唱歌隊によって、楽器の演奏のもとに行なわれた。

ガンジーは、音楽にうとい音痴のようにいわれていた。しかし、この記録を見ると、かれはまんざら音痴ではないらしい。音楽と冗談《ジョーク》を楽しむことを知っていたのである。

たとえば、円卓会議のときの記者会見で、なぜインド的な腰衣《ロイン・クロース》を着用するのかと聞かれたとき、ガンジーは即座に答えている。

「あなた方がプラス‐フォーア（だぶだぶの半ズボン）を着ているとすれば、わたしのはマイナス‐フォーアですよ。」

そういう一面も、ガンジーにはあった。

断食のあと　二十六日の朝には、イギリスとインドの両方で同時に声明が出された。「イェラブダ協定」の受諾が発表されたのである。しかし、断食の中止は、ガンジーが声明の内容を十分に調べて、かれ自身完全に納得するまで延期された。

午後四時十五分に、刑務所長が書類を持ってきて、ガンジーに渡し、静かに検討するようにといった。ガンジーの側近者たちも一致して、これを承認した。ガンジーも満足した。

しかし、ガンジーは所長にいった。

「わたしは断食を中止することに決めた。しかし、中止の前に一つだけハッキリとしておきたいことがある。断食中止後、ふたたび元どおりの制約が課せられるとすれば、それはいまはじめられたばかりの改革の仕事を中断することになる。わたしが獄中にのこるとしても、わたしの不可触民についての仕事をつづけていくために必要なあらゆる手段を講ずるようにしてもらいたい。」

死にいたるまでの断食は、こうして一週間で中止された。すでに三週間の断食を経験しているガンジーにとって、それは必ずしも特別のことではなかったかもしれない。

だが、なぜガンジーは自ら好んで断食の苦しみを続けるのか。それは無意味ではないか、という批判がある。確かに断食は一種の自己否定である。しかし、この自己否定を通じて、精神の純化をはかることができる。

「専制君主にたいしては、断食は通用しない。」とも、ガンジーはいっている。

この自己否定を通じ、いわば生命を賭《か》けた挑戦によって、当事者あるいは敵の良心さえゆすぶるのが断食の効果だからである。この効果がもたらされない限りは、断食は単なる自己目的に終わるであろう。現に、この断食によって、圧倒的多数のヒンズー教徒たちは、不可触民がヒンズーの寺院にはいることを認め、井戸の共同使用を認め、ヒンズー教徒と不可触民の通婚さえ行なわれるようになった。そういう結婚式への招待状をガンジーはうけとったのである。

この限りにおいて、断食はルイス＝フィッシャーの指摘するとおり、確かに東洋的伝達（コミュニケーション）の手段である。とくに、不可触民への差別廃止と、ヒンズー教徒・回教徒融和のため、文字どおり悲壮な暗殺による死にいたるまで、ガンジーはこれからもまだ断食のコミュニケーションを続けていくのである。肉体が衰微していく過程で、精神が異常に高ぶり、常にも増して純化されていくことが、常に自己浄化によって敵とたたかうことを手段としてきたガンジーにとっては、生涯やめることのできない聖なる日課であったかもしれない（これについてはⅡ「ガンジーの生き方――否定の道」の項参照）。

政治第一線からの引退

だれもの生涯がそうであるように、ガンジーの生涯の歩みも迂余曲折《うよきょくせつ》にみちている。しかし、一九三〇年の塩の進軍、一九三一年の円卓会議、一九三二年の逮捕と相次ぐ断食、そして、一九三四年の大衆的不服従中止、これらの経過をたどっていくと、いつもガンジーの生涯の一つの谷間——石ころの多い谷間——に降りていくような気がする。そして、強度の地震のときの地震計のグラフのような、ジグザグを感ぜざるをえない。あらしにもまれる喬木《きょうぼく》の姿を思いうかべるのである。そのでこぼことジグザグのあとをたどってみよう。

政治のあらし

一九三二年二月、ガンジーが理由なく逮捕される直前、つまり一九三一年一月に、国民会議派はイギリス政府によって非合法を宣告されていた。おりから、世界は恐慌のまっただ中にあり、不景気の雲が全地球におおいかぶさっていた。植民地本国は、この不況の打撃を植民地へしわ寄せすることによって、少しでも軽くしようと必死であった。イギリスのインドにおける場合、それは最も典型的であった。おかげでイギリスは、アメリカやフランスに比べて、不況の打撃をある程度《ていど》緩和することができたのである。

インド内外のこのようなあらしのなかで、ガンジーがヒンズー教徒と回教徒の融和、とくに不可触民のための分離選挙に反対して、死を賭《と》した断食を試み、そこにインド社会の関心を集中させ、さらに大衆的不服従運動を停止し、不服従運動をガンジーの直接指導下におく個人的なものにしたことは、大きな波紋をよんだ。

ガンジーに対する批判的な立場から、その『人と思想』(The Mahatma and the Ism)を論じたナンブーディリパードは、このときも「反帝国主義政治活動の最高の指導者が比較的小さな社会的な事がらに自ら熱中し、また、その追従者に対しても同じことを要求しているのを知ったときに、かれらは裏切られたと感じて憤慨《ふんがい》した。」と書いている。(大形孝平訳『ガンジー主義』一二五ページ)

ネルー自身も、ガンジーとの縁がぷっつり切れたように感じた、と告白している。

このときのガンジーの心境をうかがう前に、ガンジーをめぐる会議派内外の動きの渦《うず》をみておこう。

一九三二年(四月)に、会議派は非合法のまま、デリーのインド人街「チャンドニーチョーク」(「銀の街」)で大会をひらいた。警官隊は、日本の学生たちが持つ角材とは比較にならない武器として役だつ警杖《ラティ》で会場を包囲した。参加者は約五〇〇人で、普通のときの大会に比べて半分にも三分の一にも当たらない数であったが、一九二九年決議の完全独立の再確認、市民的不服従の再開支持、ガンジーへの信頼などが決議された。

一九三三年の大会は、カルカッタでひらかれた。依然として官憲の弾圧はきびしく、大会直前に約一、〇〇〇人が逮捕された。しかし、大会へは約一、一〇〇人が参加した。ここでも前年と同様、完全独立の再確認、市民的不服従の強化・拡大、外国製衣類のボイコットとカーディー（インド製衣服）の愛用などが決議された。

ガンジーの指導による市民的不服従やボイコット運動は、不可触民廃止支持とともに、あらしのなかでも脈うっているのである。

同じ一九三三年十二月には、インド共産党の全インド-センターが設立された。これまでインド各地に共産主義を名のるグループがあって、すでに一九二九年には、ミーラットで共産党に対する弾圧（「ミーラット反逆事件」）なども起こっていたが、インド共産党はここで初めて全インド的な統一と連絡をもつにいたったのである。もちろん、イギリス政府は、その結成数か月後に、これを非合法とした。

一方、獄中のガンジーは、一九三三年二月、これまでイギリス政府によって停刊処分にされていた機関紙「ヤング-インディア」の代わりに、新しい週刊紙「ハリジャン」を発刊し、「ハリジャン」への奉仕団体「ハリジャン-セーバク-サング」を結成した。「ハリジャン」は、「神の子」の意味で、いま現世でいちばんさげすまれているこの人たち（不可触民）は、来世には「神の子《ハリジャン》」として再生するであろうという期待のもとに、ガンジーがつけた名である。

これによって、これまで不可触民《アンタッチャブル》（日本では不可触賤民《ふかしょくせんみん》という訳をつけている者さえある）、パーリア、あるいは指定階級《シェドルド・クラス》、被抑圧階級《デプレスド・クラス》と呼ばれていた人たちは、ハリジャンの名で呼ばれるようになったのである。

会議派社会党の結成

さて、全インド共産党センターの結成にみられる革命と進歩の動きは、会議派内部にも台頭していた。一九〇〇年代の初めから会議派には、急進派《ラジカリスト》と穏健派《モデレーツ》の二つの流れがあったことは先に述べたが、一九二〇年代には穏健派の流れをくむ人たちは、立憲派あるいは議会派としてスワラジストの名で呼ばれていた。

一方、今度は急進派とは呼ばれなかったが、議会外での大衆活動を重視し、とくに労働者階級を指導勢力として、民族独立運動と社会運動を結合しようとする勢力も活発であった。もちろん、まだ労働者大衆の自覚は十分でなく、このような動きを示したのは、政治活動を続けている知識階級の者が主であった。一九二九年、会議派があの完全独立を決議したときの議長ネルーが、同時に全インド労働組合会議大会の議長を兼ねていたことは、当時の潮流の一端を示している。また、一九三一年の会議派カラチ大会では労働者の賃金、農民の地代・地税の引き下げなど、社会・経済的改革についての決議も採択されている。

こうして、会議派内部の左派勢力に属する人たちは、一九三四年五月に会議をひらいて、会議派社会党《コングレス・ソシアリスト・パーティ》を結成することになった。そのころガンジーは、またしてもハリジャンのために獄中で断食を宣言、あわてたイギリス政府はガンジーを釈放したが、ガンジーは宣言どおり獄外で断食を完了した。

ガンジーは、会議派左派のリーダーであるネルーを通じて社会主義への関心をもっていた。社会主義を勉強したいからといって文献をとり寄せ、それを読んでいる。しかし、科学的社会主義のよき理解者であり、よき支持者である、とはいえない。

それはナンブーディリパードが批判するように、「ガンジーがインドーブルジョアジーの抜け目のない政治的指導者であった。」という階級的限界からもくると同時に、ガンジーの関心は、もっと直接にインド的なもの——つまりハリジャンや農民の生活そのものにあったからでもある。このようなインドへの関心のなかには、当然インドーブルジョアジーもいた。しかし、インドの「民族と階級」の問題ならびにガンジーの思想については、後で別にとりあげることにする。

(Ⅱガンジーの思想 参照)

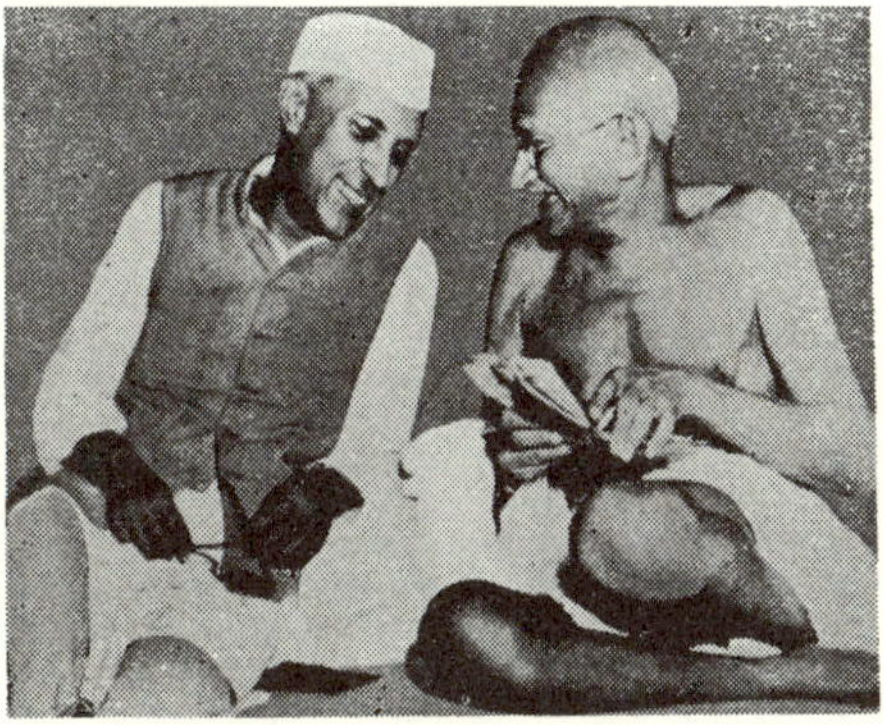

ガンジーとネルー

問題は、会議派社会党の結成に、左派リーダーのネルーが参加しなかったことである。ネルーは会議派社会党の結成に基金をカンパしながら、社会党のメンバーに加わっていない。なぜだろう？ 少なくとも左派に属し、マルクス主義をさえ支持するかにみえたネルーが、明らかに「裏切り的な思い」に自ら駆《か》られながら、あえて社会党に加わらなかったことについては、いろいろな批判や憶測が行なわれている。

一つにはガンジーへの配慮、もう一つは会議派そのものへの配慮。この二つのことが指摘できるのではなかろうか。会議派内外の大きな政治的あらしのなかで、ガンジーはかなりつきつめた考えをしていた。断食宣言直後に釈放されたガンジーは、いっさいの秘密活動を停止し、自らのとりでであるアシュラムの解散さえ宣言している。強い自省の前に、ガンジーは何かを決意している。いや、決意の内容は、ネルーにははっきり見えていた。

会議派への配慮というのは、ガンジーがマクドナルド裁定に反対して断食して以後、ガンジーは議会への（選挙の）道を封じるものとして、会議派内の立憲派スワラージ党の人たちからはげしい攻撃をうけていたことである。いわば会議派には、急進派・穏健派以来の対立が、円卓会議以後の一九三〇年代に形を変えて復活・再現していた。そこへ今また会議派左派が結成された。ネルーはガンジーの道を行く者として会議派の主流――つまり、「一種の中道」を選ぼうとしたのではなかろうか。

困難と犠牲が多いときには影をひそめ、「政治が安全になったときに前面にとびだしてきた」これらのスワラージ党の人たちのことを、ネルーは、ガンジーにあてた一九三四年の手紙で、「あわれな雑炊《ぞうすい》的しろもの」と軽べつしている。

いわば、左右からゆさぶられている会議派の主流を守る仕事を、ネルーは、自ら引き受ける決意をしたであろうし、周囲の事情もその方向に動きつつあった。そこへ、ガンジーの政界第一線からの引退が声明されたのである。

ガンジーの政界引退？

前記ナンブーディリパードは、ガンジーに関する書物のなかで、明らかに「引退」(Retirement)と題する一章を設けている。それはどのような引退であったろうか。

一九三四年九月、ガンジーはかれの側近者のひとりであり、会議派では右寄りの保守派に属するバラブバイ＝パテルにあてた手紙のなかで、ネルーを指導者とする社会主義者グループのことを述べ、そのグループは近い将来必ず影響力と重要性を増すであろうと指摘した後、こう述べている。

「……かれらの公式のパンフレットに発表されたプログラムに関して、わたしはかれらとは根本的にちがった意見をもっている。しかし、わたしが加えることができる道徳的圧力（moral pressure）によって、かれらの文献のなかに出されている考え方が伝播していくのを抑圧することはしないであろう。わたしが会議派の内部にとどまることは、要するにそのような圧力を加えることになるであろう。」

（前掲『ガンジー主義』三三ページ）

続いて、ガンジーは長い声明を出して、非暴力への一貫した信条、紡ぎ車や手織りに対するかれの信仰を披瀝し、これらを単に一種の政策とだけしかみない知識階級者《インテリゲンチア》との間の相違を明白にした。ガンジーには民族の問題も、階級の問題も、インド的な形でしかあらわれないし、反対にまた、インド的な形を通じてしか民族の問題も階級の問題も解決できないのであった。

ガンジーは、左派グループに対してだけ態度を表明したのではない。声明は右派、すなわちガンジーのいう「議会政党《パーリアメンタリー・パーティイ》」のことにもふれている。もともと「議会での計画は、つねに国家活動の最小のものであるというのが、わたしの持論である。もっとも重要で恒久的な作業は、議会の外で行なわれる。」というのが、ガンジーの信念であった。（前掲『ガンジー』三二ページ）

しかし、この議会政党の成長にも、同じく道徳的圧力を加えたくない、というのがガンジーの考えであった。要するに、この際会議派を引退し、政治の第一線から退くことによって、生涯の信条である「サティアグラハの実験」を続けるために「完全な離脱と絶対的な行動の自由」を求める、というのである。

考えれば自分の会議派内部における存在が、左右いずれもの勢力に対する「道徳的圧力になる」という考え方そのものが、かなり思いあがったものにも思われるが、そのような自負をもってガンジーは、全インド――もっと正確にいえば全インド的なものを背負ってイギリスを相手とし、敵を手だまにとり、あるいはこれと妥協、取り引きもしてきたのである。これは自他ともに許されたわがままであったのかもしれない。現に、ガンジーの引退によって会議派は再び合法化されたし、議会政党派の人たちは選挙にのりだすことができた。

引退の本質的な意味

会議派大会では、説得をしても効果がなかったのであるから、不本意ながら、かれの引退を承認せざるをえなかった。ただ、「いつでも必要なときには、かれは会議派に勧告《アドバイス》と指導《ガイダンス》をあたえる」という約束をとりつけて、これを認めたのであった。

しかし、ガンジーなき会議派というものがありうるか、どうか。この引退は何を意味したか。批判者ナンブーディリパードは、ガンジーがハリジャンや、紡ぎ車、手織り、村落工業、国語の普及、衛生改善など、かれのいわゆる建設的仕事《コンストラクティブ・ワークス》にたずさわるかぎり、それらは「自由インド建設のための非暴力闘争プログラムの不可分の構成部分である」のだから、政治から引退するというような問題は、「はじめから存在しなかった。」といっている。

ナンブーディリパードの結論は、きわめて明快である。

「ガンジーの戦術は、かれ自身は助言をあたえ、右と左の両方の政策に影響をあたえつつ背景のうしろにかくれている。そして、一方において会議派内部の右の諸勢力を強化し、他方においてジャワーハルラール＝ネルーの指導下に左の勢力を成長させ、統合させようとするものであった。これが要するに、かれ（ガンジー）が積極的な会議派活動から引退したことの本質的な意味であった。」

（前掲『ガンジー主義』三七ページ）

かれ自身国民会議派から会議派社会党を経てインド共産党にはいり、左派を形成したナンブーディリパードの批判は、ガンジー主義の政治的本質にふれたものではあるが、はたしてガンジー引退の意味はこれにつきるのであろうか。速断は避け、その後の経過、生涯の事実のなかに説明を求めるほかない。

ガンジー的な見解
——産児制限と黒人問題——

政界の第一線から一応引退したガンジーは、講演や声明や、また機関誌『ハリジャン』でも政治問題にはふれないようにした。会議派左派の指導者チャンドラ゠ボースの表現によれば、この時期はインドの政治指導者というよりは、世界教師としての一面が大いに発揮された時期ということになるであろう。

その意味で、この時期にガンジーをそのアシュラムに尋ねた人たちのうち、とくに国際色豊かなものを選んで紹介しておこう。政界の表面に立っているときでも、舞台をおりているときでも、ガンジーの内面をささえているものが何であったか、とくにガンジーの発想法がどういうものであったかを知るうえに、それは役だつであろう。

サンガー夫人との会談　アメリカのマーガレット゠サンガー夫人は、産児制限運動の熱心な指導者として世界的に有名である。「貧乏人の子沢山《こだくさん》」ということばが、これほどピッタリ合うような国はほかにない、と思われるほど、インドは貧しくて人口過剰に悩んでいる。

インドこそ産児制限を何より急務としている。しかも、そこにはガンジーのことばを「聖者のことば」として、ただちにそれに従う数百、数千万の人たちがいる。ガンジーが産児制限運動を支持し、協力してくれるならばどんなにすばらしいだろう。

サンガー夫人は、一九三五年十二月に、ワルダのアシュラムでガンジーと会見した。会見の模様は、秘書のデサイが記録して、『ハリジャン』誌にも出ているし、サンガー夫人の『自伝』にも収められている。

ガンジーは、自分の私的生活の内部まで打ち明けて、熱心に語った。何よりも婦人が解放され、妻が夫に対して、はっきり「ノー」といえるようになり、婦人が自分の運命の主人公にならなければならない、という点では、二人は一致したが、サンガー夫人の提唱する産児制限、とくに器具を用いての制限には、ガンジーは反対であった。それはガンジーの機械ぎらいなどというよりは、もっと根本的な見解に基づくものであった。

「もし、わたし（ガンジー）に残された年月を通じて、わたしがインドの婦人たちの心に、婦人は自由であるという真理をおくりこむことができたら、インドには産児制限問題はおこらないでしょう……。」

「男女双方がその行為の結果について考えることなく、動物的な情欲を満足させようとするのは愛ではなくて、享楽です……。」

「もし、愛が純粋であれば、それは動物的欲情を超越し、動物的欲情を制御するでしょう……。」

「愛は、みんながそれを動物的必要をみたす手段にするとき、たちまち享楽になる……。」

要するに、サンガー夫人のいう「性愛《セックス・ラブ》」は、ガンジーの愛の真理という壁を破ることができなかった。もっと手っとり早くいえば、ガンジーの主張は、子孫を残すことは「必要」であるから、その必要な度数だけ夫婦の関係は許される。あとは人間の自制に待つほかない、というのである。

「夫婦が全生涯に、わずか三回か、四回くらいしか関係できない、というのですか。」というのが、サンガー夫人の驚きであり、質問であった。

禁欲主義者ガンジーの性観が述べられているのだから、問答の内容そのものも興味深いものであるが、サンガー夫人は、会談のときのガンジーの印象を次のように描写している。

「……かれは正確な抑揚で、一語も欠かさず、流暢《りゅうちょう》な英語を低声で話した。……しかし、印象からいうと、強烈ではない。あなたがかれの質問に答えている間に、かれはある考え、かれ自身の思想をもち、あなたが話をやめるや否や、まるであなたのいったことを聞いてなどいなかったように、その考えを述べつづける。しばしばわたしは、かれが自分といっしょについてきていると思いこむ。すると、そこへ宗教だの、情熱だの、経験だのという、石の壁があらわれ、この障害をのりこえて、かれをうち破ることはできなかった。実際、かれは開《あ》けっぴろげだといわれるにもかかわらず、自分の意見を変えないことを誇りとしている……。」

ここには、常に大衆に奉仕することを考え、大衆とともにいても、結局孤高の座を占めている人に特有の姿勢が描かれているように思われる。

そのころ、日本の詩人ヨネ＝ノグチ（野口米次郎）がガンジーを尋ね、その印象をうたっている。詩人はまた、「そのとき会ったカストルバ夫人のことを、「朝日の東天に上《のぼ》る時、明け方の月が静かに消えていくのを思わせた。」と書いている。ガンジーとの対談のとき、いつの間にか夫人が静かに席をはずしてしまったことが、そういう印象をあたえたのである。

黒人代表との会見

ガンジーは、二十年にあまる壮年時代を人種差別でやかましい南アフリカで生活したし、かれ自身有色人種でもあるので、人種問題には早くから関心をもち、多くの経験をもっていた。したがって、アメリカ黒人からの深い尊敬を集めていた。

一九三七年、フェルプース－ストークス基金の理事カニング＝トビアス博士と、モーアハウス大学《カレッジ》の総長ベンジャミン＝メイス博士が、ガンジーを訪問した。トビアス博士は、メイス博士のあとにガンジーを尋ねているが、その日が沈黙の日に当たっていたので、筆談になった。メイス博士とのかなり長い会談は、ちょうどトビアス博士の質問に答えて書いてあたえた短い文章の解説に当たる、と秘書のデサイは書いている。

一九三六年にも、黒人のツールマン博士夫妻がガンジーを尋ねており、そのときの対談の中心話題は非暴力であった。今度の二人の黒人紳士も、やはり非暴力についてガンジーに尋ねている。とくにメイス博士との会談は、ゆっくりと時間をとり、秘書デサイの記録によると、ガンジーはまるで第六感をはたらかせているかのようにして、かれの生涯の信条について披瀝した。

「……受け身の抵抗《パッシィブ・レジスタンス》というのは、非暴力《ノン・バイオレンス》についての間違《まちが》ったよび方です。非暴力は暴力よりも、もっと積極的です。それは直接的で、やすみのないものですが、その四分の三は目にみえません。ただ、四分の一がみえるだけです。それは直接的で、やすみのないものですが、その四分の三は目にみえません。ただ、四分の一がみえるだけです。それは何の力もないようです。たとえば、わたしが非暴力の象徴《シンボル》とよんでいる紡ぎ車がそれです。みたところでは、それは何の力もないようです。たとえば、わたしが非暴力の象徴《シンボル》とよんでいる紡ぎ車がそれです……。あらゆる奇跡《ミラクル》は、この目にみえない力の沈黙の作用によるものです。非暴力はもっとも目にみえないものだが、もっとも有力なものです。……」

ある意味ではたいへん合理的で、実行的なガンジーは「奇跡」などということばは、あまり使わない。ところが、ここではそれをもちだして、しきりに非暴力の意義を強調している。デサイが第六感的といったのは、このことをさすのであろう。

メイス教授の質問は、具体的で、もっと切実的なものを含んでいた。ひとりびとりを非暴力に訓練することはやさしい。しかし、愛の立場から大衆の心を訓練するのは容易でない。

「もしも、大衆が非暴力（の原則）を踏み破ったとき、どんな戦略をとるべきでしょうか。わたしたちは退くのですか、それともさらにすすんでいくのですか。」

ガンジーは答えた。

「わたしにもインドの運動で、その経験がある。人間は説教して訓練できるものではない。非暴力はお説教できるものではない。それは実行さるべきものです。……暴力には、目にみえないところはありません。一方、非暴力は、（さきにも述べたように）四分の三は目にみえない。そして、目にみえない部分が多ければ多いほど、逆にその効果は偉大です。……」

確かに、ガンジーは非暴力の実践家である。実践家でなければいえないことが、ここでは実感をこめていわれている。道徳《モラル》はお説教で身につくものではない。それは「泳ぎを泳ぎのなかで覚える」ように、実行してみて初めて身につくものである。暴力と非暴力、その方法は正反対であるが、ガンジーの返答は大衆のなかでの革命の実践家のみがいえる「語録」の響きをもっている。

メイス博士は、さらに質問する。

「暴力を愛の精神でつねに管理することが可能でしょうか。」

「いや、決してそんなことはない。わたし（ガンジー）自身の経験で説明しましょう。ちんばの仔牛《こうし》がいました。ひどい腫《は》れものができて、食べることもできなければ、呼吸も困難です。わたしは三日間自分自身との討論の後、その息の根をとめました。この行為は非暴力です。それは完全に非利己的な行為だからです。それは仔牛を苦痛から救済することだけを唯一の目的とした行為にほかならないのです。一部の人は、これを暴力行為とよびました。わたしは、一種の外科手術だといいました。もし、同じような窮境にあったとすれば、わたしは自分の子どもについても、これとまったく同じことをするでしょう。わたしの意見では、われわれ人類の最高の法則としての非暴力は、あなたが例外について語るとき、その存在をやめます。」

あくまで非暴力であれ、しかし「卑怯《ひきょう》者となるよりは剣をとれ」といった、かつての「剣の教義」を想起させるものがここにある。南アフリカのアシュラムでも、家の中にはいり込んできた蛇《へび》を殺して恐れなかったガンジーである。

例外的な場合を普遍化することはいましめねばならないが、目的を一つにし、目的達成をひたすら請い願うとき、暴力と非暴力とが一致する。もう少し謙虚にいえば、暴力と非暴力とが紙一重《ひとえ》になる境地があるのではなかろうか。非暴力を礼讃する立場から、そういうのではなく、真理に徹した場合、人間にはそういう場面があるのではないか、ということである。しかし、これこそ第六感の領域に属することにほかならない。

先にあげたツールマン博士は、政治家であり、著述家であったが、そのときの対談でも、ガンジーは非暴力が直接行動の一つの形態ではなく、唯一の形態であること、それは世界で最大の、最も積極的なものであることを強調している。

これらの対談に示されたガンジーの「目に見えない力」についての思想は、やがて「目に見える力」となってあらわれた。トビアス博士とメイス博士がガンジーと会談してから三年後に、アメリカではシカゴ大学の小グループによって、人種問題解決のために非暴力の二、三の方法が取り入れられた。

この運動はアメリカのあちこちの都市でも発展し、「人種平等会議」(CORE)として知られるようになった。

また、一九六八年暗殺されたマーティン＝ルーサー＝キング牧師の指導する「南部キリスト教指導会議」

(SCLC)にも、ガンジーの非暴力主義の精神がながれている。アメリカの黒人問題は単なる人種問題ではない。また、単なる民族問題でもない。それは階級問題として労働者の運動とむすびついて、初めて解決されるのだというところまで、黒人の自覚も高まってきつつある。

しかし、アメリカの黒人問題の源流には、ガンジーの非暴力主義が影をおとしている。水を飲む人たちは、その源を忘れてはならないであろう。

アシュラムの内と外

ガンジーが政界の第一線を退いてから、アシュラム（修道場）の内外、インドの内外に、荒々しい時代の波が高まっていた。ガンジーは、ときに健康の不調のため、静養を余儀なくされることはあったが、心身の休まる暇はなかった。

インドの内で　一九三五年には、先の円卓会議の成果をもりこんで、イギリスのインド統治法（一九三五年法）が公布された。

一九三七年には、この統治法に基づいて、ビルマがインドから切り離された。もちろん、独立したのではなく、植民地インドから植民地ビルマが分離したのである。イギリスが三次におよぶビルマ戦争で手に入れたビルマをインドに併合したのは一八八六年であるが、ビルマは約半世紀でふたたびインドから分離し、戦後インドの独立からおくれること約四か月、一九四八年一月に独立したのである。

さて、この一九三七年には、同じく一九三五年統治法に基づいて州選挙が行なわれ、会議派は十一州のうち八州で勝利し、州内閣を組織した。インド総督の任命する州知事の権限が強大で、州内閣とはいっても、

演壇上のガンジー（1947年、アジア関係諸国会議）

インド人の意向を完全に反映するものではなかった。ただ、このときの選挙戦を通じて、ガンジーもネルーも、会議派の勝利ということよりは、インドのイギリスからの独立を民衆に訴え、これが大きな支持をえたのであった。

さらに一九三七年には、ガンジーは労作教育を強調した、いわゆるワルダ教育プランを発表した。その要旨は、次の三点にあった。

㈠　七か年の義務教育を無月謝で全インドに実施する。

㈡　教授用語には、母国語（インド語）を使用する。

㈢　教育はなんらかの形で手仕事および生産的作業とむすびついて行なわれなければならない。

ここに一貫してながれているのは、労働と教育との結合であるが、カリキュラム（教科課程）そのものが、きわめてインド的であり、ガンジー的なものであった。

たとえば、数学と基礎的手仕事、すなわち手紡ぎおよび手織りをむすびつけたカリキュラムとして、第一年で数のかぞえ方や十進法などを糸捲《ま》きの糸を通じて学び、第二年では、さらにそれを大きな数字にまでひろげ、第三学年で農村・地方・全インドにおける綿の産額その他を調べ、綿の種子を積み重ねて分数の観念をうえつけ、第四学年では、手仕事でえる報酬（俸給）のさらに複雑な計算にすすみ、第五学年では、手仕事の成果を学校で共同販売するときの詳細な計算に習熟させる。第六学年では、利益と損失の問題、チャルカ（紡ぎ車）の作製に必要な木材の計算方法。第七学年では、利息の計算法、単位当たり労働量や労働能率などの実際問題から、グラフの作製におよぶ、といった風《ふう》である。

基礎教育の普及は、ガンジーの建設事業の重要な項目であるが、その方法には、インド的な独自性と同時に、社会主義国にみられるような労働尊重の進歩性もみられるのである。

ガンジーは、一九三七年に、不可触民問題でインド南端のトラバンコール（現在のケララ）地方を旅行したが、翌年には、西北国境州を旅行した。インドの歴代政治家のなかで、ガンジーほどインドを歩き、ガンジーほど大衆に接触した人はいない。ガンジーへの尊敬と人気の秘密は、ここにもある。

ガンジーは、インド国内の政治についての直接的な発言はひかえていたが、そのころ会議派は、ネルー、続いてチャンドラ゠ボースなど、左派あるいは前衛派の比較的若い人たちが先頭にたって指導していた。もちろん、ガンジーの隠然たる政治力とその影響を無視することはできなかったが……。

目をインドの外に向けると、ヨーロッパにもアジアにも不吉な暗雲がただよいはじめていた。

インドの外で

インド共産党センターの成立した一九三三年には、ドイツでヒトラーの独裁政権が樹立され、日本は国際連盟を脱退した。ガンジーはユダヤ人問題については、早くから関心をもっていた。南アフリカ時代から、ガンジーの最も親しい仲間には、三人のユダヤ人がいた。S・L・ポラークとヘルマン=カレンバッハとソニヤ=シュレジンである。このうちカレンバッハは、のちにガンジーをセバグラムのアシュラムに尋ね、ここでいっしょに暮らしている。

したがって、ガンジーはユダヤ人問題には、よき理解をもっていた。それはインドのヒンズー教徒のなかでの不可触民の問題と似ているように思われた。ユダヤ人を迫害するヒトラーについては、「古代の専制君主も、これほどひどいことはしなかった。」と激しく非難している。

しかし、ドイツの、あるいは世界のユダヤ人が、アラビア人の土地であるパレスチナを故郷と考え、イギリスやアメリカの軍事力にたよって、そこにユダヤ人の国を建設することについては、その目的に対しても、その手段に対しても、強く批判的であった。機関誌『ハリジャン』に、「シオニズムと反ユダヤ主義」「ユダヤ人の問題」「ユダヤ人の友達への答え」「ユダヤ人とパレスチナ」などの論文を書いているが、宗教的にも政治的にも公平な立場からの見解が示されている。

さて、ヨーロッパにおけるドイツ・イタリア、アジアにおける日本の軍国主義的・侵略主義的傾向は、ますます露骨になり、一九三六年にはスペインの内乱が勃発した。インド民衆はスペインの人民統一戦線、日本の侵略と戦う国民党政府（蔣介石）を支持した。中国では、一九三六年の西安事件のあと、抗日民族統一戦線が結成された。

一九三八年、英・仏・独・伊のミュンヘン会談がひらかれた。イギリスはヒトラーの攻勢の前に守勢にたつかにみえた。ガンジーの表現によれば「チェンバレンには、どうにも策がなかった」のである。

翌一九三九年九月三日、ついに第二次世界大戦が勃発した。ガンジーは、ちょうど七十歳で十月二日の誕生日には、世界の著名士の共同執筆になる『古稀《こき》記念論文集』を贈られた。

ガンジーが政治的第一線から離れていられるような事態ではなくなった。

インドは、ガンジーを必要とした。こうして、三たびガンジーは、ベテランの投手が味方のピンチにマウンドを踏むように「祖国の危機」に登場するのである。

蔣介石への手紙

戦火は西に東に

ガンジーは自分で認めているように、これまで何度かイギリスの戦争に協力してきた。第一次世界大戦のときもそうであった。しかし第二次世界大戦の場合は、ガンジーの態度も、インドの態度も異なっていた。

大戦勃発と同時に、イギリスはインドに何一つ相談することなく、「インドも戦時状態にはいった」と宣言したが、これは特定の一部を除いてインド人の承服できることではなかった。

ガンジーは、時の総督リンリスゴウに、さっそく「イギリス政府を苦しめようという気はないが、戦争協力には参加できない。」と語った。会議派の執行委員会も、一九三九年九月十四日、「自由な、民主的なインドは、侵略にたいする相互防衛のため、他の自由な諸国家とよろこんで協力するであろう。」と宣言した。早くいえば、もしイギリスがインドの戦争協力をえたいならば、インドの自由、インドの独立を認めよ。そうすれば自由なインドはよろこんでイギリスに協力する、というのである。第一次世界大戦以来、インド人民の政治的自覚は、ここまで高まってきたのである。

一九四〇年七月、ナチス-ドイツの侵略の前にフランスが降伏したときも、会議派のこの態度は重ねて表明された。と同時に、会議派の指導権は、ふたたびガンジーにゆだねられた。ガンジーは一種の市民不服従のかたちで、イギリスに対するインドの立場を堅持した。

一九四一年六月二十二日、ドイツは独ソ不可侵条約を破って、ソ連への侵略をはじめた。

一九四一年十二月八日、ついに日本は、真珠湾「奇襲」で、太平洋戦争へ突入した。

ガンジーは目を、世界の西へ、東へ、くばらねばならなかった。戦火は、インド自体へ及んでくるかにみえた。日本軍はビルマへ向けて進撃し、ドイツ軍は北アフリカへ進攻した。この二つの勢力がインドで合流する、というわさもあった。

一九四二年三月、イギリスは、ネルーと親しいサー＝スタッフォード＝クリップスを特使として、インドへ派遣した。インドを懐柔するためである。

クリップスの提案は、戦後インドに自治領《ドミニオン》の地位を認め、また、回教徒連盟の要請である回教徒のための分離国家にも道をあけておく、というものであった。インド各党各派の討論の後、このようなあいまいな約束ではだめだ、ということになり、クリップス提案は拒否された。

インドの求めているのは、いますぐ臨時中央政府の樹立を認めることであり、独立インドとしての対英協力ということであった。

そのころ、中国共産党と統一戦線を結成して、日本軍の侵略と戦っていた中国の蔣介石は、インドの独立をアメリカのルーズベルト大統領とイギリス政府に申し入れた。中国とインドは、当時それほど友好的であったのである。

蔣総統への手紙

一九四二年二月には、蔣介石夫妻がインドの援助を求めるため、インドを訪問した。ガンジーは、わざわざ蔣介石と特別会見するため、カルカッタにでかけ、数時間対談した。それから数か月後、一九四二年六月に、ガンジーは蔣介石に対して手紙を書いた。

それは当時のガンジーの中国および日本に対する姿勢を示すものとして、このすぐ翌月に書かれた「ルーズベルトへの手紙」や「すべての日本人への公開状」とともに、貴重な資料である。

ガンジーは、遠い昔の南アフリカ時代に、また、マウリシアス島でも、インド国内でも、華僑の人たちと親しく接触した経験があることを述べた後、こう書いている。

「……中国にたいするこの感情、また、この偉大な二つの国がますます密接になり、相互の利益のために協力しなければならない、という強い願望にもとづいて、わたしはあなたに、イギリス権力がインドから撤退することを要請するわたしのアピールは、いかなる形においても日本にたいするインドの防衛力を弱めるものではなく、中国のたたかいに迷惑をもたらすものでもないことを説明したいと思います。

インドはいかなる侵略者も、侵入者もゆるしてはならない。かわりに抵抗しなければならない。わたしは自分の国（インド）の自由を、あなたの国（中国）を犠牲にして買いとろうとは思っていません。このような方法では、インドは自由を手にいれることはできないし、日本のインドあるいは中国支配は、どちらの国にとっても有害であり、世界平和にとって有害であることは、あまりに明白なので、わたしのまえにはそのような問題はありません。そのような支配は阻止されねばならないし、わたしはインドがそのために当然な、正しい役割をはたすものと信じています。

しかし、インドが隷属状態にあるかぎり、それはできないこととわたしは思います。（略）

効果的な行動の道がわたしたちにのこされているときに、絶望していたり、事態を起こるがままにしておくのは、正しくないし、男らしくもないことだ、と考える人は多いのです。

したがって、これらの人たちは、独立を確保し、さしせまって必要な行動の自由を確保するために、可能なあらゆる努力をすべきだと感じています。これこそ、わたしがイギリスとインドの間の不自然な関係を直ちに終わらせるため、イギリス権力に訴えたことの根源です。

そういう努力をしなければ、あやまった、有害な方向へむかっていく危険な公衆感情が、インドにはあります。インドにおけるイギリスの権威を弱め、追いだすために、日本へ同情するという傾向が、目に見えないところで単純素朴に成長しているのです。この感情は、わたしたちの自由をかちとるのに外部へ助けをもとめるのでなく、自分たちの能力でやる、という健全な確信にとってかわらねばなりません。

わたしたちは、救済をなしとげるために、自主独立で、自分の力を発揮しなければならない。それは、わたしたちが隷属の籠《かご》からわたしたち自身を自由にするため、決定的な努力をしたときにのみ、これは可能なのです。（略）

わたしたちがあらゆる方法で、日本の侵略を阻止しようと考えていることを、さらに完全に明白にするため、わたし個人としては、連合軍がわたしたちとの協定のもとに、その軍事勢力をインドにおき、インドをせまり来る日本の侵撃に反対するための作戦基地に使用することにも同意するでしょう。(略)わたしは、イギリス当局者と悶着《もんちゃく》をおこさないよう、極度に神経をつかっています。しかし、いまや当面の目標物となった自由の擁護のため、もし、それが避けられないとすれば、わたしはどんなに危険が大きくとも、それにためらうものではありません。(以下略)

(Letter to Chiang Kai-Shek——The Gandhi Reader.三四三〜三四五ページ)

インド撤退決議

ガンジーは、蔣介石あての手紙を書いた翌月、といっても(一九四二年)七月一日付けで、アメリカのルーズベルト大統領にも手紙を送っている。これは直接送られたのではなく、アメリカのジャーナリストで、のちに『ガンジー伝』を書いたルイス＝フイッシャーが、一九四二年春、セバグラムのアシュラムで一週間ガンジーと生活をともにし、ニューデリーへ去ったのち、追っかけるようにして書かれ、かれに託されたものである。それには「もし、あなた(フイッシャー)に気にいらないようでしたら、破ってすてても構《かま》わない。」としるしてあった。

当時、ルーズベルトはインドの立場に同情を示していた。チャーチルが戦後インドに自治を認める、といいながら、なぜ戦争中に認めようとしないのか、自分にはわからない、とルーズベルトはチャーチルに述べている。

そのようなアメリカの立場を考慮にいれて、ルーズベルトへの手紙は書かれたのであるが、ここでもガンジーはアメリカに多くの友人がいることを述べた後、「インド（およびアフリカ、それにアメリカの黒人）を搾取・隷属の状態にしておいて、連合国が個人の自由、デモクラシーのためたたかう、といっても、それは空《むな》しくひびくだけだ。」といっている。

そして、ガンジーが蔣介石に書いたように、日本の侵略に反対し、中国を防衛するためであれば、連合国の軍隊がかれら自身の費用でインドに駐留することを認める、といっている。しかし、すべてこれらは、インドの自由が認められたうえで、独立インドとして処理されるべきことだ、という点も同じである。

こうした手紙のあと、一九四二年七月二十六日の『ハリジャン』紙に、「すべての日本人に」という公開状が書かれた。

「……もしも、伝えられているように、あなた方が、インドの独立を熱望しているならば、イギリスがインドの独立を承認すれば、インドに攻撃を加える口実は、いっさいあなた方からなくなってしまうのです。……わたしが読んでいるすべてのものは、あなた方が訴えに耳を傾けないで、剣に耳を傾ける、ということを教えています。……」

（The Gandhi Reader. 三七一〜三七五ページ。蠟山芳郎著『マハートマ＝ガンジー』一四七〜一五〇ページ）

もちろん、戦時下の日本では、このような公開状の出されたことなど、全然知らされなかった。しかし、ガンジーは、日本の「聖戦」の実態が何であるかをハッキリ見抜いていたのである。確かに、西に向けられていた目は、東にも向けられていた。

そして、ついに八月七日夜、会議派はボンベイで委員会をひらき、有名な「インド撤退」(Quit India！)決議を採択した。インドの態度は、内外に、決定的に表明されたのである。それと同時に、ガンジー・ネルーを初め、指導者たちは一網打尽《いちもうだじん》に逮捕された。戦時下インドの、いわゆる「血と涙の時代」のはじまりである。

愛する者の死

戦時下の一九四二年八月九日朝早く、ネルーなど他の会議派指導者といっしょに逮捕されたガンジーは、老齢のゆえに、普通の刑務所ではなく、プーナ（当時のボンベイ州）の近くにあるアガーカーン宮殿《パレス》に収容された。ガンジーの生涯を通じて、約十回に近い牢獄《ろうごく》生活の最後の牢獄である。ここで、ガンジーは、愛する二人の人を身辺から失った。その意味では荒涼《こうりよう》たる戦時牢獄生活であった。

秘書デサイの死

ガンジーが逮捕されたとき、秘書のマハーデーヴ＝デサイや詩人のナイドゥー女史も連れていかれた。カストルバ夫人は一日おくれて逮捕され、アガーカーン宮殿で、ガンジーといっしょになった。そのデサイが、アガーカーン宮殿に収容されて六日めに、突然心臓の発作で倒れた。ガンジーより二十歳以上も若い秘書が、急に病気で亡くなるというようなことは、ガンジーは考えてもみなかった。

「目をあけて、わたしを見さえすれば、助かるのだが……。」

ガンジーは、ほんとうにそう思っていた。しかし、ついにこの若い忠実な秘書は、師の映像を網膜のうえに結ぶことができなかった。

「マハーデーブ！バブー（ガンジーのこと）が呼んでいるよ……。」

カストルバ夫人が、耳もとでそう叫んだが、その声もとどかなかった。ガンジーは、老人が杖《つえ》を奪われたように、茫然《ぼうぜん》とした。デサイは、単にガンジーの身のまわりの雑用をかたづける、という意味での秘書ではなかった。『ガンジー伝』の作者ルイス＝フィッシャーのいうとおり、デサイは二十四年間にわたってガンジーの「秘書・顧問・年代記作者・友人兼息子《むすこ》」であった。

私も、この評伝をまとめるために参考にした『ガンジー＝リーダー』（『ガンジー読本』）に収められたガンジーの文章のなかには、デサイの記録によるものが、きわめて多い。

デサイは、ガンジーと産児制限論者サンガー夫人との会見にも、また、ガンジーと日本人賀川豊彦との会見にも立ち会い、記録をとっている。

老齢のガンジーにとって、身辺の若い者の死は、とくにこたえたであろう。その後、宮殿内の庭の片すみのデサイを埋めたほとりにひとりたたずみ、さまようガンジーの姿がよく見られた。

リンリスゴウ総督への手紙

ガンジーが獄中で、あるいは獄外で、インド総督に手紙を書くのは、年中行事のようなものので、何もめずらしいことではないが、今度の場合は事情が少しちがっていた。

インドに対して戦争協力を求めながら、イギリスはインドに臨時中央政府の樹立を認めず、ガンジー以下の会議派指導者を一網打尽に逮捕し、全インドは騒然となっていた。そこへ東からは、日本軍の侵略がひしひしと迫っている。

指導者を失った民衆は、戦争不安と政治不安のまっただ中で、イギリス権力に体当たりしていった。それをイギリスの官憲が、容赦もなく武力弾圧する。

警察署や政府の建物への襲撃と放火、電話線の切断、鉄道の破壊、イギリス人官僚へのテロなど、血なまぐさい嵐《あらし》が、全インドに吹き荒れた。しかし、これらの「暴動」も、全く指導者がなかったわけではなく、逮捕をまぬかれた会議派社会党の人たちや、マルクス主義を奉ずる若い勢力が、非合法状態のなかで大衆を指導し、民衆もまたこれに協力したのであった。

リンリスゴウ総督は、ガンジーがこのような暴力行為を非難しない、といってガンジーを責めようとした。ガンジーにいわせれば、すべてはイギリス側の不正にある。もともと、ガンジーは逮捕される前から、総督との対話を望んでいた。しかし、その希望は総督の方針というだけでなく、ガンジー嫌《ぎら》いのチャーチルの弾圧政策によってふみにじられていた。

ガンジーは、総督との手紙のやりとりのなかで、この点を終始明らかにした。事実ガンジーは獄外の民衆運動に手のくだしようもなく、接触もなかった。八月八日「クイット・インディア」決議では、「会議派の指導にもとづくあらゆる軍事力ならびに非暴力的勢力によって、侵略に抵抗する」ことになっていたが、軍事力についてはもちろん、非暴力手段による抵抗についても、ガンジーは指導できる立場にはなかった。

ついにガンジーは、逮捕後半年めの一九四三年二月九日から三月二日まで、三週間の断食を決行した。これは「死にいたるまで」の断食ではなく、「神の意にかなえば、苦難をのりこえて生きのびたい」と願ってのものであったが、七十三歳の老人には、そのこと自体決死の願いをこめてのものであった。当時、ガンジーの身体は、断食に当たって水を受けつけず、水に果汁を入れて、身体が水を受けつけるように配慮しなければならなかった。

この断食の決意を伝えた手紙に対しても、リンリスゴウ総督は、それを「政治的脅迫行為《ポリティカル・ブラックメイル》の一種と考える」と述べている。断食の意味するものが何であるかを、だれよりもよく知っているガンジーは、断乎《だんこ》としてこれに反対してこう書いた。

「あなたはそれ（断食）を、≪政治的脅迫行為の一形式≫といわれましたが、わたしにとっては、それはわたしがあなたから守りそこなった正義のための最高法廷への上訴であります。もし、わたしがこの試練に耐えて生きながらえないのであれば、わたしは自分の無実に全幅《ぜんぷく》の信頼をもって、審判の席につきましょう。あらゆる権力をそなえた政府の代表であるあなたと、断食をもって祖国と人類へ奉仕しようとした、つつましい一人の人間としてのわたしとの問題は、後世の歴史が審判するでしょう。」

何よりもガンジー自身が肉体と精神の試練に耐え、一方、イギリス側もあらゆる万全の策を講じて、ついにガンジーは三週間の断食をやりとげた。世界は愁眉《しゅうび》をひらいた。

しかし、インド内外の事態は、何ら好転しなかった。確かに、ガンジーは「断食にはうち克《か》ったが、イギリスには勝てなかった」のである。

愛するカストルバ夫人の死　政治的にはどのような効果があったにせよ、なかったにせよ、老齢の身にあらゆる苦難をのりこえて、獄中でたたかうガンジーに、またしてもきびしい試練があたえられた。一九四四年二月二十二日、カストルバ夫人が獄中で病逝《びょうせい》したのである。

それは長い旅路の終わりであった。四国遍路《へんろ》のすげ傘《がさ》には、同行二人と書く。不幸を背負った人が、仏と、ふたりで巡礼して行くことを意味したものだ、という。ガンジー夫妻の場合、ともに十三歳で結婚してから、文字どおりの同行二人であった。若い日に、ガンジーは妻を熱愛した。そのため、父の臨終を見とどけることができなかったのは、ガンジーにとって終生の恨事であった、とかれ自身告白している。

アフリカに渡るとき、ヨーロッパ風《ふう》の服装にヨーロッパ風の靴をはかされたカストルバは、靴ずれができてその痛みに泣いた。

ズールー族の反乱のときから、ガンジーは禁欲の誓いをたて、夫婦別々に床をとって寝ることにした。初めは失敗した。しかし、ガンジーが生涯を通じて、この誓いを守りえたのは、妻のよき協力があったからである。

虐《しい》げられた南アフリカのインド人労働者が立ち上がったとき、カストルバも夫とともにたたかった。サティアグラハ闘争に婦人の参加を求めたとき、最初他の婦人に話しかけ、カストルバをあとにしたことを彼女は不満に思った。夫とともに、正しい真理の道をつき進む、彼女はそういうインド婦人の典型であった。

しかし、ガンジーがハリジャン運動で、アシュラムにハリジャンを呼び入れ、いっしょに生活するようになったとき、彼女はなかなかそれが承服できなかった。ハリジャンの排泄《はいせつ》物の掃除《そうじ》をすることに不服をとなえたのである。

ガンジーが、反英・不服従運動にのりだし、「塩の進軍」を指揮したとき、いつも彼女は夫の足どりを見守り、文字どおり後顧の憂えのないようにつとめた。何度かの下獄、何度かの断食。彼女は常に夫とともにあった。ガンジーの「真理と偕《とも》なる生活」はすべて「妻と偕なる生活」であった。

カストルバ夫人

今度の場合、ガンジーが逮捕されて、アガーカーン宮殿に入れられたとき、カストルバは同時に逮捕されたのではなかった。彼女は、会議派の幹部ではなかったからである。

しかし、その翌日、ガンジーが演説する予定になっていた場所で、彼女が代わって演説すると宣言して、わざわざ逮捕され、最後の牢獄行をともにしたのである。

そのとき、彼女は身体の調子がよくなかったらしく、主治医も連れて、アガーカーン宮殿の刑務所にはいった。

秘書のデサイが急に亡くなって、老夫妻の身辺は寂しかった。獄中での日課として、ガンジーは、小さいころ十分に勉強する機会の少なかったカストルバに、インドの地理やその他を教えていた。「六十の手習い」ということばはある。しかし、戦争と弾圧が外に吹き荒れるとき、政治活動のゆえに、ともに逮捕された七十四歳の老夫婦が、獄中で祖国の地理を教え、学ぶという風景が、今までどこにあったろうか。

パンジャブの州都ラホールを、ベンガルの州都カルカッタとまちがえて答える老妻に、根気よく教える老ガンジーの姿を思うとき、これは世にもえがたい夫婦像であると、つくづく思わずにはいられない。それともこれは、老年の世界での遊びの一つであろうか。

カストルバは、慢性の気管支炎をわずらっていたが、一九四三年の暮れ、急に重態になった。日課の学習は、もちろん中止して、ガンジーはカストルバの病床につきそっていた。しかし、自分に対すると同様、自分に最も近い者に対するガンジーの態度は一途《いちず》であり、頑固《がんこ》であった(このことが、ガンジー個人の家庭生活を不幸にしていた)。初めは薬や食物をあたえることに反対し、注射も断わった。蜂蜜《はちみつ》と水、そして、ただ神の導きで重態の病気をなおそうというのである。

イギリス側と家族の者との相談で、ひそかにペニシリンも投薬された。しかし、容態は思わしくなかった。ガンジーには、四人の男の子があるが、まず四男のデバダスがやって来た。死の前日、二月二十一日には、カストルバがしきりに会いたがっていた長男のハリラールがようやくやって来た。父の躾《しつけ》のきびしさに反抗し、ぐれて酒にまぎれ、ときには父ガンジーに弓をひいた長男だけに、母にはいっそう哀れで、気にかかっていたのであろう。

家族や親戚や知人たちの目が気づかわしくそそがれるなかで、カストルバは、ガンジーの膝《ひざ》に頭をのせて息をひきとった。

私は、かつてカストルバのことを、月の近くにいつも光っている小さな恒星にたとえたことがある。

七十五年の彼女の生涯も、思えば激しい生涯であった。デサイに次いで妻カストルバを失ったガンジーの前には、さらに激しい晩年の数年がまっていた。

劇的な生涯

一つのインド

獄中でカストルバ夫人を喪《うしな》ったガンジーは、その年（一九四四年）の五月五日に釈放された。これが生涯最後の獄中生活であったが、さすがにガンジーは体力も気力も衰えていた。回復のために、ボンベイ近くの海岸で静養した。

アラビア海の潮騒《しおさい》の聞こえるなかで、ガンジーの考えたことは、亡き人への追憶でも、長い生涯の回想でもなかった。しばらくの間も、かれの脳裡《のうり》を離れないのは、祖国インドの未来であった。インド人としては、長命の七十五歳となっても、かれはおい先短い自分のことよりは、祖国の独立とその将来のビジョンに苦悩していた。

というのは、第二次世界大戦の戦局も、結局連合国側に有利になってから、イギリスは植民地インドに独立をあたえることを日程にのせていた。相手によって動かされるよりは、あくまでも自分の意志で動こうとするジョン-ブル一流の考え方に根ざすものであったかもしれない。しかしそれにしては、インド自身の方が複雑な胎動《たいどう》をみせていた。

先に述べた一九三七年の州選挙で回教徒側が惨敗し、会議派のヒンズー教徒が圧勝したときから、回教徒とヒンズー教徒のあいだには、大きな溝ができ、回教徒はかれら自身の道をいくという動きがあらわれていたが、それは回教徒だけの「純粋の国」（パキスタン）の構想になっていた。

皮肉《ひにく》なことには、インド西北部は別として、ベンガルを回教徒地域とヒンズー教徒地域に分ける境界線は、一九〇五年ベンガル分割のときのカーゾン-ラインとほぼ同じであった。いわゆる分割統治（divide and rule）を得意とするイギリスが、独立賦与《ふよ》のときに当たっても、依然として分割統治を固守しようとしたのか、どうかは問題であるが、少なくとも結果的には、インドは分割統治線上での独立という方向へすみつつあった。

しかし、これはガンジーにとって、最も不本意なことであった。不本意というよりは、そういう分割されたインドは、かれの思ってみたこともないことであった。

ガンジーは、一つの祖国を考えていた。それは若いイギリス留学のころにも頭に描いたことであったし、長い南アフリカ生活のなかで常に夢みたのも、また、現実に遠くからながめたのも、一つの全体として（as a whole）のインドであった。ガンジーは、総合的な考え方に恵まれていた。その意味でカースト外の階層としてのハリジャンの存在は、許しがたいことであったし、回教徒とヒンズー教徒も一つのインドのなかで同居して平和に暮らすべきであった。

この点、ガンジーはインド-ブルジョアジーの思想的代弁者であり、ナショナル-ブルジョアジーのイデオローグであった。

インドをめぐる内外の動きは、そうした方向を目ざしていなかった。回教徒連盟は、あくまでヒンズー教徒とたもとをわかって、パキスタン建設の準備を着々とすすめていた。その指導者は、アリ＝ジンナーであった。一九四四年九月九日、ガンジーはジンナーと会見した。会談は午後三時五十五分から七時にまで及んだが、一致点は見いだされなかった。

一つのインドのわく内で、ヒンズー教徒と回教徒の問題は、どのように柔軟な処置もできるではないか、というのがガンジーの信念であったが、回教徒とヒンズー教徒とは一致できないし、一致してはならない、というのがジンナーの信念であった。

その後もガンジーはジンナーに会い、ネルーもジンナーと会ったが、一つのインド実現という点では、いつまでも平行線をたどるだけであった。

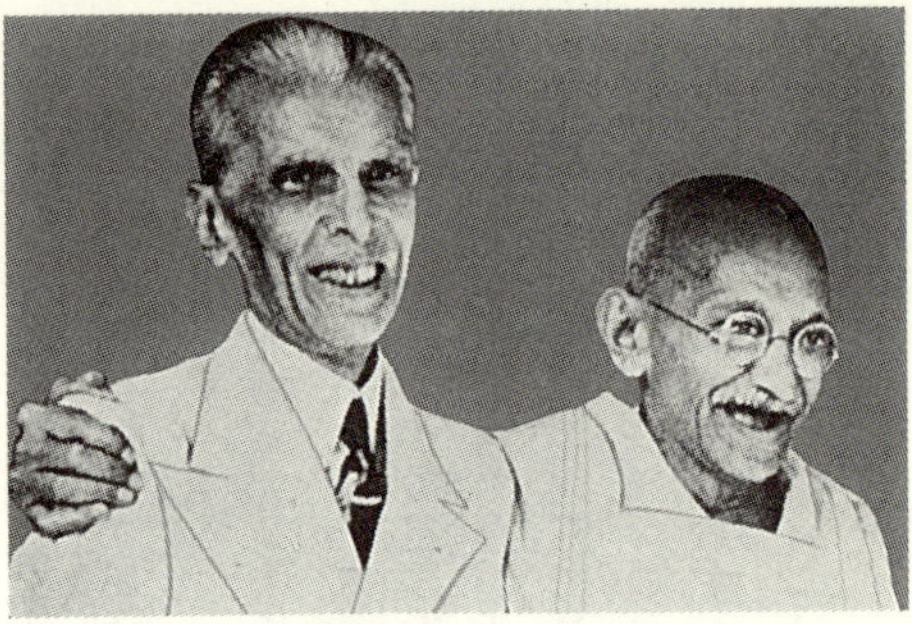

回教徒の指導者ジンナー（左）とガンジー

敵地のなかの巡礼行

すでにヨーロッパでは、イタリアが敗北し、続いてドイツが降伏し、アジアでは日本の敗北が決定的となっていた。一九四五年八月十五日、日本の無条件降伏で、第二次世界大戦は終止符をうった。イギリスの戦勝功労者であるチャーチル首相は、国民にV字を手で描く勝利のあいさつをおくり、葉巻きの煙とともに政界を引退した。代わって登場したのは、労働党のアトリー首相であった。

かつて、ガンジーは同じイギリス労働党のマクドナルド首相時代に、円卓会議に出席したことがあるが、インドへの独立賦与も労働党時代に行なわれることになった。イギリス社会主義とインド独立との間には、何かの因縁《いんねん》があるのかもしれない。といっても、イギリス労働党の「進歩性」が、インドの独立をもたらした、ということではない。あくまで、インド人民の独立への要求と、そのためのたたかいが、独立賦与を促進したのである。

インドが一つになるか、インドとパキスタンの二つになるか。問題の解答は依然残されていた。一九四六年二月二十一日には、インド海軍の蜂起《ほうき》があり、マストに赤旗を掲げて独立を叫び、ボンベイやカルカッタそのほかインド各地の労働組合も立ち上がって、これを支持した。戦時下の臨時中央政府樹立に示された民衆の要求は、雪の下でも燃え続く聖火のように消えることなく脈打っていた。このことを察知して、すでにチャーチル自身も、三人の政府使節団をインドに派遣して、「完全な自治の早期実現」を調査させていた。アトリー首相はそれを進展させたのである。

インドへの独立賦与を前提に、アトリー首相は、ネルーやジンナーをはじめインド要人を一九四六年十一月、ロンドンに呼び寄せた。それは回教徒連盟の要求の一部をとり入れて、インドをＡＢＣの三つの州群に分けようとするものであった。これではインドは、事実上、二つどころか三つに分かれてしまう。

ガンジーは、もちろんこれに反対した。ジンナーは、初めこの案を承認するかにみえたが、結局反対した。

そのころガンジーは、州選挙にも、臨時政府にも、憲法制定会議の構成にも、ほとんど何ほどの関心をも示さず、ただひたすらヒンズー教徒と回教徒の融和統一、そして一つのインド実現を呼びかけることに専念した。ひとりびとりの魂にふれて、一つの祖国インドへの自覚をよびさますこと、これがガンジーに課せられた聖なる使命である、と考えた。

それにはヒンズー教徒と回教徒の敵意のいちばん激しいところへ自ら乗り込んで、「争いをやめよ。」と呼びかける以外にない。ガンジーは、ベンガル州デルタ地帯の最も不便な、そして、回教徒の反ヒンズー教徒感情のいちばん煮えたぎっているノアカーリ地方へ出かけた。

自分の背たけよりも高い杖をもって、素足にサンダルのいでたちで、かれは一九四六年十一月から翌年三月まで、約五か月間、回教徒の怒りと憎悪《ぞうお》のたぎっているところを自ら歩き、自ら回教徒の家の門口《かどぐち》に立って、回・印融和を説いた。夜の集会では、明らかに殺意を秘めた狂信者と、膝をまじえて懇談した。おそらく、それは対話の極限であろう。よほど勇気がなくてはできることではない。ただ、非暴力と一つのインド実現の信念に燃えての巡礼行であった。巡礼行は、一九四七年の三月以降、ビハール・パンジャブ地方へかけて続けられた。

一九四七年八月十五日は、インド独立と同時にインドとパキスタン分離の日であった。分離独立を祝う気のしないガンジーは、ニューデリーでの式典には出席しなかったし、メッセージも送らなかった。

分離にともなう両教徒の間の殺りく・暴行・掠奪《りゃくだつ》・放火、そして騒乱のなかの民族大移動の悲劇を目の前にしながら、ガンジーは、カルカッタのスラム街で依然両教徒の融和と統一を説いていたのである。

非暴力の敗北？

全インドに音をたて、嵐のように吹きまくる暴力沙汰《ざた》のなかで、ガンジーは、なおも最後の勇気をかきたてていた。回・印融和のため、一九四七年九月、三日間の断食を行なった。暴力の嵐のなかでも、ガンジーの断食には、やはり「良心をゆさぶる」効果が若干あった。

ガンジーは、分離独立インドの首都ニューデリーへでかけた。ここにも回・印殺りく、暴行の嵐が吹き荒れていた。おまけに、独立インドを操縦しなければならないインド政府のネルー首相とパテル副首相の間にも、対立感情の冷たい風がながれていた。

一月十三日、さらにガンジーは、回・印融和のため五日間の断食を行なった。これが最後の断食であった。さすがにヒンズー教徒の指導者たちも、回教徒の指導者たちも、ガンジーの枕もとに集まって協議し、事態の緩和を約束した。まだ、ガンジーの断食は、説得力をもっていた。

しかし、一月二十日、ビルラ邸裏庭にある宿舎の前での夕べの祈りでは、何ものかの手で爆弾が投げられた。ガンジーはねらわれていた。ガンジーへの敵意は、回教徒の側からもあったし、また、ガンジーが回教徒をヒンズー教徒と同列に扱うということを理由に、ヒンズー教徒の側にもあった。夕べの祈りで、ガンジーが、ヒンズー教の教典や、マホメットの『コーラン』や、キリスト教の『聖書』や、日本の仏教のお経などから、「神への祈りのことば」を引き出すことは、ガンジーから「許し」を請われても、ヒンズー教徒の一部の狂信者には、何としても許せないことであった。

一月三十日、午後四時半、ガンジーは最後の晩餐《ばんさん》をとった。晩餐といっても、山羊の乳と野菜とオレンジとバターのささやかなものであった。食事をしながら、パテル副首相と会談した。ネルーには、その夜かれのところへくるよう英文で書いた伝言を伝えてあった。

何でもまとめることの好きなガンジーは、この二人の間を「統一」することにほねおっていたのである。

五時の祈りの時間が、十分ほど遅れた。赤土の道の通った芝ふを横切って、やや小高くなっている祈りの壇上へ、ガンジーは小急ぎに急いだ。両側はガンジーのいとこの孫娘に当たる若いアーバー夫人と、同じくいとこの孫娘のマヌの二人が付き添い、ガンジーは二人の肩に腕をもたれかけて歩いた。

そのとき、突然会衆をかき分けて来たひとりの若い男が、ガンジーにナマステ（合掌）のあいさつをするかのように、やや膝を折ると同時に、かくし持っていた小型自動ピストルで、わずか二フィート（約〇、六メートル）の近距離から、パン、パン、パンと三発連射した。

ガンジーが暗殺されたビルラ邸の裏庭

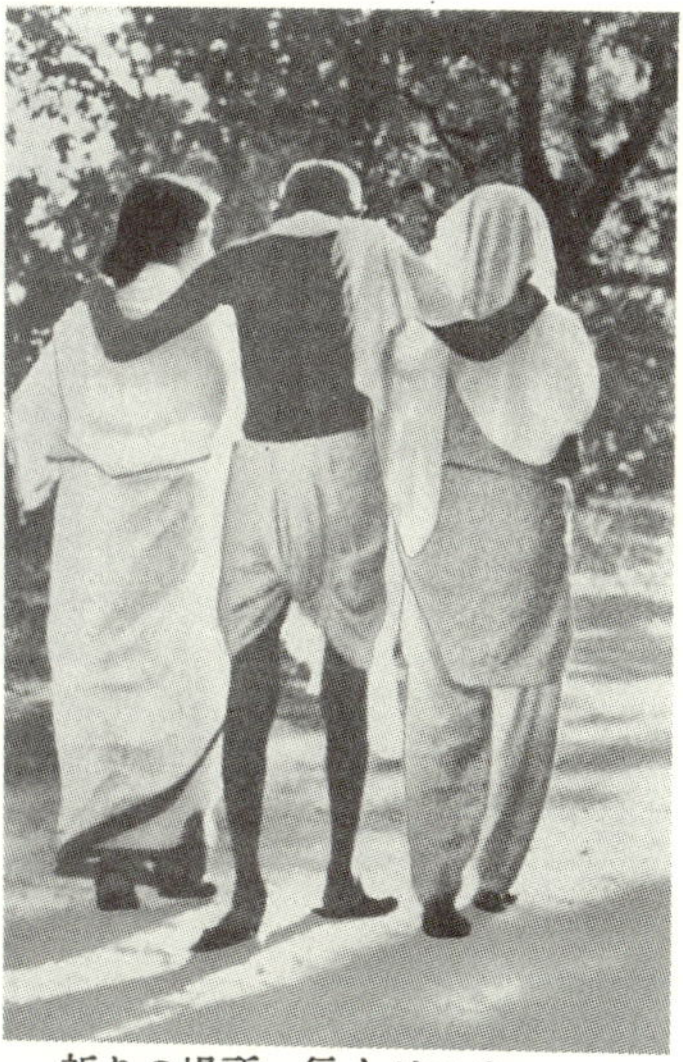
祈りの場所へ行くガンジー
（死ぬ直前）

半裸に近いガンジーの肉体は、白い上着に血をにじませて倒れた。芝ふの上に、めがねとサンダルが飛び散った。

倒れたガンジーは、すぐに部屋までかつぎこまれたが、医者が来るまでにすでに息絶えていた。非暴力主義の「聖者」が、夕べの祈りの席で、暴力者の暗殺の凶弾に倒れたのである。そこには皮肉というには、あまりに痛ましい政治の現実がある。

非暴力主義者ガンジーは裸身に三つの弾をうち抜かれて殺された。これは非暴力主義の敗北を示すものであろうか。

然《しか》り！非暴力主義は、あまりに多くの矛盾と時代遅れの一面をもっている。それはきわめて明白である。だが、ガンジーその人

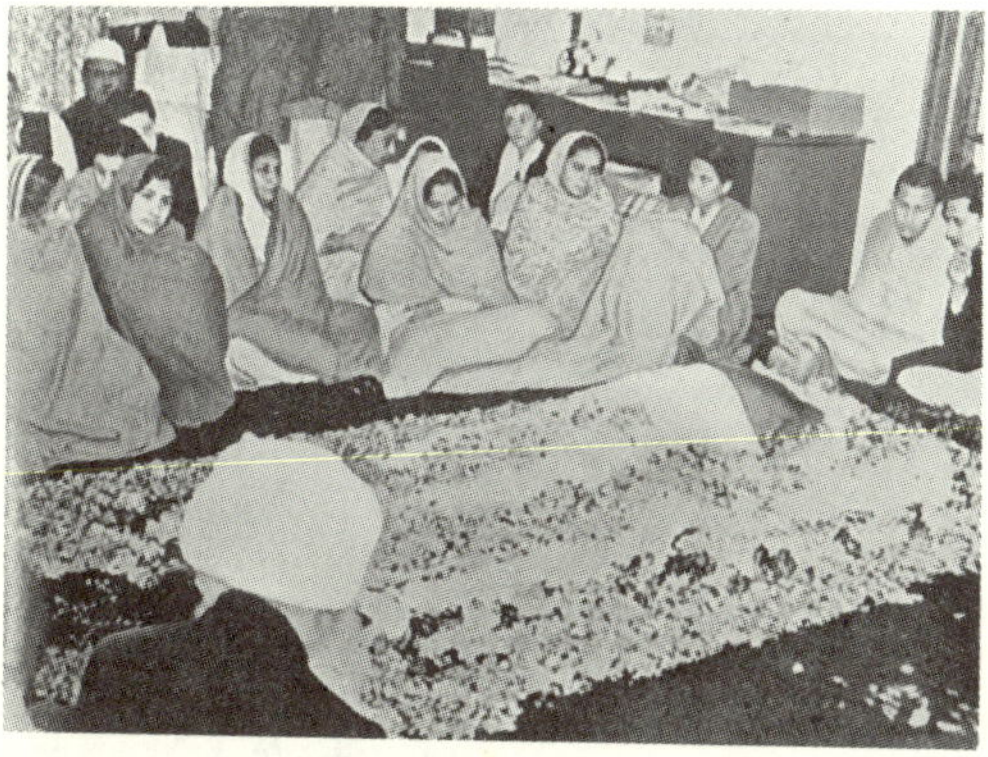
凶弾に倒れたガンジー

ガンジーの遺品

の劇的な死は、その信条をこえて、インドの民衆に、そして、世界の人々に力強く何ごとかを呼びかけていないであろうか。

　ガンジーは自ら非暴力と断食の叙事詩でつづった生涯の最後を、さらに劇的な死でかざった。この劇的な死に照らして、かれの劇的な生をたどるとき、「真理への忠誠」に生きたこの人の七十九年の生涯は、教訓のかずかずを無言のうちになお力強く、私たちに呼びかけてやまないように、私には思われてならないのである。

Ⅱ ガンジーの思想

ガンジー主義について

かれ自身しきりに精神力を強調し、また、詩人タゴールからおくられた敬称マハートマ（偉大な魂）の名で、全インド民衆から親しまれたガンジーが、精神主義者であり、観念論者であることはいうまでもない。その意味では、ガンジー主義と呼ばれるもののなかには、多くの批判さるべき内容が含まれている。ガンジーをただ畏敬《いけい》し、讃美するだけでは不十分であるばかりでなく、まちがった評価をくだすことになる。単なる精神論の強調だけでは、五億のインド民衆は救われないのである。

しかし、その生涯の歩みが示すとおり、ガンジーは、インドの歴史に偉大な足跡を残し、とくにインド独立運動史上に大きな役割を果たした。ガンジーの門をくぐらずには、インド現代史は語れないのである。それでは、ガンジーの、あるいはガンジー主義の何が、インド民衆にある種の救済をもたらし、インド独立に貢献したのであろうか。

四つの方程式

私はそれを考えるたびに、いつでもガンジー側近者のなかで唯一《ゆいいつ》のクリスチャンであったクマラッパ氏の四つの方程式を思いうかべる。

共産主義－暴力＝ガンジー主義
共産主義＋非暴力＝ガンジー主義
ガンジー主義－非暴力＝0
ガンジー主義＋暴力＝x

共産主義から暴力を引くとか、共産主義に非暴力を加えるとかいうことは、厳密には何を意味するのかよくわからないことかもしれない。しかし、何か気分的なものは、ばく然と理解されないでもない。

ガンジー主義から非暴力を引けば、0《ゼロ》になるということは、いちばん簡単に理解されるようにみえる。しかし、これもほんとうはよくわからない。

いずれにせよ、問題はガンジー主義に暴力を足すとどうなるかである。クマラッパ氏は、それをxで表現した。xとは何か。

このxにいろいろな価値を代入することができる。しかし、かってに主観的なものを代入するのではなく、他の三つの方程式との関連で、価値を見いだしていくほかはない。それにはガンジーの生涯の実績のなかから最もxにふさわしいものを見いだしてこなければならないのである。

ガンジーは、暴力に非暴力を対置し、何よりも非暴力を第一義とした。非暴力とは人間と人間以外の動物を区別するための価値判断のものさしであった。それは暴力とは次元を異にするものであるかのようにみえる。はたしてそうであろうか。

非暴力は暴力の否定であることはいうまでもないが、ガンジーによればそれは暴力に代わるそれ以上のものである。しかも、それは地上の人間の暴力とたたかうために、暴力以上の人間の「武器」として考えられ、行使されたのであった。ところで、暴力にいっさいの悪を帰し、非暴力にいっさいの善を帰して、それでこと足れりとするほど単純なものであろうか。ガンジー自身の言行からそれを判定していく以外にない。

剣の教義　ガンジーが非暴力を第一義とし、最高の教義としていることに疑いはない。これは四つの方程式のなかの三つまでが裏書きしているとおりである。しかし、最後の一つに示されたxを解くためには、非暴力の意義を確認したうえで、さらにガンジーが暴力の意義にふれた場面を想起することが一つの手がかりとなるであろう。

ここに想起される二、三の場合をあげてみよう。

一つは、第一次世界大戦直後のころ、ガンジーがインドの政治運動に登場した時期に書いた論文、すなわち、一九二〇年八月十一日付「ヤング-インディア」に発表した「剣の教義」である。

「怯懦《きょうだ》と暴力といずれか一つを選ばなければならない場合には、わたしは必ず暴力を選ぶようにすすめるだろうと信じている。……わたしはインドが、卑怯《ひきょう》にも自己の不名誉の目撃者としてとどまるよりも、むしろその名誉を防衛するために、武器をもって立つのを見るのを選ぶであろう。……しかし、非暴力は暴力よりはるかにすぐれ、寛容は報復よりもはるかに男性的であると信じている。……」

文章の重点は、最後の二、三行にあるのかもしれない。しかし、ここにはハッキリと卑怯者となるよりは、暴力を選ぶといっているのである。ガンジーは、もっと端的に「わたしは支配者の暴力に拘束されて奴《ど》隷《れい》状態にあるよりも、むしろ暴力によって自由となったインドを見るのを好む。」ともいっている。同様のケースは、ガンジーの生涯を通じて、他にもないではない。

一つは、前記「蔣介石への手紙」であり、いま一つは「すべての日本人への公開状」であり、さらにイギリスに対する「インド撤退」の決議である。

「蔣介石への手紙」では、イギリスに対する反感から、日本に対する同情心が、素朴な民衆感情としてインドに成長している事実をあげ、しかも、インドは自主独立の立場で、いっさいの努力をはらわなければならないことを指摘した後、「連合軍がインドとの協定のもとに、その軍事勢力をインドにおき、インドを日本の侵略に反対するための作戦基地に使用することにも同意する。」という、ガンジー自身の見解が述べられている。

ガンジーのことばを借用すれば、「わたしたち（インド人）が隷属の籠《かご》から、かれら自身を自由にするために」の決定的な手段として、また、日本軍国主義の侵略から、かれら自身を守るために、連合国の軍事力、すなわち暴力のインドでの活用を容認したのである。

「すべての日本人への公開状」の場合も、事情はほぼ同じである。当時、もしイギリスがインドから撤退した後、そこへ日本軍がはいろう、という考えをいだき、その実行にでるならば、ガンジーは「インドができる全力をあげて必ず抵抗する。」(resisting you with all the might that our country can muster.) といっている。この全力のなかには、もちろん、非暴力も暴力もすべての力が含まれるのである。

民族の独立と暴力　「インド撤退」決議の場合は、さらに明瞭《めいりょう》である。一九四二年八月八日の決議は、インドにおけるイギリス統治の即時終結と、臨時政府の樹立を目ざしたものであるが、インド統治の終結についてはこう述べている。

「……イギリス統治の継続は、インドの退廃と弱体化をまねき、インドが自国を防衛し、かつ世界の自由の目的のために貢献する能力をますます減退せしめつつある。……近代的帝国主義の古典的国土であるインドは、いまやその問題（イギリス帝国の保持）のガンとなった。インドの自由によってこそ、イギリスおよび連合国の真価は判断され、アジア・アフリカの諸民族は希望と感激にみたされるであろう。」

臨時政府の樹立については、非暴力的勢力はもちろん、いっさいの武力をあげてのインド防衛が述べられている。

「その政府（臨時中央政府）のまず第一の任務は、連合国とともに、その支配下にある非暴力的勢力はもちろんのこと、そのいっさいの武力をあげてインドを防禦《ぼうぎょ》し、侵略に抵抗することでなければならない。また、本質的にいっさいの権力と権威が帰属すべき農村や工場や、その他いかなる場所であるとを問わず、そこにはたらく勤労者の福祉と進歩とを増進することでなければならない。」

ここでは福祉と進歩という表現によってではあるが、勤労者の生活にもふれている。かつて、卑怯者であるよりは剣を選ぶ、といったガンジーは、祖国の独立と防衛のためには、非暴力を含むいっさいの力、否、暴力を含めていっさいの力によるべきことを明らかにしているのである。

これについては、当時ガンジーの最も親しい側近者であったネルーが、あたたかい思いやりと畏敬の念で、ガンジーを評価した。ネルーによれば、一方にガンジーにとって生存の意義にまでなっている非暴力主義の原則があり、他方にこれまで生涯の念願であるインドの自由があり、これがいわば歴史のはかりにかけられたとき、はかりが後者に傾いたことをネルーは高く評価したのである。

ガンジーの生涯の事例のなかから、非暴力主義へ暴力がプラスされた、という想定にふさわしい場面をあげれば、だいたいこのようになるであろう。

しかし、これらのどの場合も、非暴力を第一義としながらのことであって、方程式の意味をこのようにとるのが正解か否かも依然問題である。ただ、ガンジーは単に宗教的な倫理や、心のなかの原則として、非暴力・暴力を問題としているのでなく、インド民族の解放、インド国家の独立という、大きな政治課題についても非暴力を考え、実践してきていることだけは明らかである。そのような線上で暴力と非暴力が出会うのであり、そのような意味での加減ないしは乗除も考えてみる必要がある。

ガンジーの思想の根底に非暴力があるということと、ガンジーの行動の方向には、常に祖国の独立・自由がある、ということはけっして無縁のことではない。

ガンジー主義の第一義的課題を、私は、まずこのような民族の解放という点で考えたいと思うのである。

ガンジーにおける真と美

――一学生の四つの疑問――

一九二四年十一月十三日付けの「ヤングーインディア」に「一学生の四つの疑問」という論文がでている。学生とはシャーンティニケータン（国際大学）で、タゴールとアンドリューズに学んでいるラーマチャンドランで、かれはアンドリューズの紹介でガンジーに会い、ガンジー主義について日ごろいだいている四つの疑問をだし、その解答を求めたものである。

その問答を例によって秘書のデサイが記録したものであるが、質問の第一は、真と美との関係、第二は機械に対する反対について、第三は結婚の制度と禁欲について、第四はガンジーが手紡ぎを会議派の人たちに「強制」している問題についてである。これでガンジー主義についての疑問のすべてがつくされているわけではないが、学生のきわめて単純質朴な質問に対して、ガンジーの解答もきわめて単純質朴であり、ガンジーの考えを知るのに役だつ。

とくに第一の問題については、学生は最後にこれにもう一度たち返って、熱心に真と美との関係について見きわめようとしている。

芸術における真と美

学　生　「あなた（ガンジー）を愛し、尊敬している人たちも、あなたはすべての芸術について、ただ民族の更生という見地からだけ考えているといっていますが……。」

ガンジー　「わたしは誤解されているのです。説明しましょう。そこには外的なものと内的なものと二つの面があるのです。外的なものは、内的なものに役だつということを除いては、わたしには意味がありません。すべて真の芸術は魂の表現です。外の形は、人間の内部精神の表現であるかぎりにおいて、価値をもつのです。」

学　生　「偉大な芸術家たちは、芸術は芸術家たちの魂のなかの衝動や不安をことばや色や形にうつしこんだものだといっています。」

ガンジー　「そうです。そういう性質の芸術は、わたしに最大の迫力でうったえるものをもっています。しかし、自分自身を芸術家とよんでいる人たちの作品には、魂を向上させる衝動や不安のあとが絶対にないことをわたしは知っています。」

ここで学生が、何かの実例を求めると、ガンジーは、イギリスの作家オスカー＝ワイルドの名をあげている。ワイルドは、ガンジーがロンドンに留学していたころ話題になった人だから、ワイルドをあげたのである。ワイルドは現代の最も偉大な作家のひとりではないか、という学生の質問に対して、ガンジーは「それ

ロマン＝ロランの書斎でのガンジー

が問題なのだ。」と説明を続ける。

ガンジー「ワイルドは、ただ最高の芸術を外的な形式のなかにだけ見いだした。それで不道徳なことを美化することに成功したのです。すべて真の芸術は、その内面的なもの自身を実現するため、魂を助けるものでなければなりません。わたし自身の場合、わたしはまったく外的な形式なしに魂の実現をできると思っています。……」

そして、ガンジーは、わたしの部屋は壁がブランクで、屋根がなくてもいい。そうすれば無限の美の広がりのなかに続く、星空をいつも見上げることができるのだ、と語っている。

質問はさらに続く。要するに学生は、多くの芸術家たちがいっているように、外的な美を通じて真理を見いだすことができるのではないか、と追究するのに対して、ガンジーは反対する。ガンジーはただ真理を通じてのみ美を発見する、と主張するのである。

ガンジー「あらゆる真理、単に真理の概念だけでなく、真実《トルースフル》の顔、真実の絵、真実の歌は、いずれも高尚で美しい。人が真理のなかに美を見はじめたとき、いつでも芸術がそこに興《おこ》るのです。」

同じようなことを、ガンジーは一九三一年のロマン＝ロランとの会談のなかでもいっている。真理はさまざまに表現されるけれども、真理に結びつかないような芸術は、芸術でない、というのが、ガンジーの主張である。

それでも学生は、美は真理から、真理は美からひき離すことはできないのではないかと執拗《しつよう》にくいさがる。これについて、ガンジーは美とは何かを正確に知らなければならない、という。美というものが、一般に理解されているようなものであったら、この二つは非常に離れたものである。そこでガンジーは、「きれいな容貌《ようぼう》の婦人は、美しいだろうか。」とたずね、学生は「イエス」と答える。するとガンジーは、「もし、その婦人が低劣な性格の人であっても、そうだろうか。」と反問する。学生のラーマチャンドランは、ためらった後、「そういう場合、彼女の顔は美しいとはいえない。」と答える。

真の芸術家にとって、顔が美しいというのは、その外面とは別に、魂のなかの真理が輝いているときだけである、というのがあくまでガンジーの信念である。ガンジーはまた、ソクラテスを例にあげて、かれはギリシアで最も醜い顔つきをしていたが、当時最も真実な人間であったことを説明する。結局、美は感覚でなくて、真理である、というガンジー自身の信念がくり返し強調されてやまないのである。

機械反対について

ガンジーは文明、とくに機械文明を否定したことで有名である。その最も代表的なものは、一九〇九年十一月、ヨーロッパから南アフリカへ帰る船の中で、グジャラート語で書いた『ヒンズースワラージ（インドの自治）』（英訳本は一九一九年マドラスで出版）である。そこでは近代文明とは、一種の病気――つまり人生の目的が肉体的幸福のためだけにおかれ、「道徳や宗教には目もくれない」で、「カネが欲しさに、また、カネで買えるよい暮らしが欲しさに、（人々が）奴隷にされている」状態であるとして徹底的に批判されている。そこでは病院や鉄道も非難される。悪い病気がはびこるのは、病院があるからだ、という論法である。もちろん、そこにはガンジー的風刺《アイロニー》もないではないのだが、これについて、学生は端的に質問する。

学　生「あなたは、機械にたいしてすべて反対なのですか。」

ガンジー「どうしてそんな……わたしは人間の身体も、機械のもっともデリケートな部品だと考えているのですよ。紡ぎ車自体も機械です。わたしはそのような機械にたいしてではなく、機械への狂信に反対しているのです。」

これはきわめて常識的な解答である。機械は人間の時間や労力を省いてくれるというが、それは人間の一部のためにではなく、人間全体にとってでなければならない。ガンジーは「少数者の手中にではなく、すべての人の手に富が集中することを望む。」といっている。富そのもの、あるいは富の集中そのものを否定しているのではない。しかし、現在、機械はごく少数の者が数百万人の背にまたがって支配することを助けている。それに反対する、というのである。

人間を機械より上におく、それはきわめて穏当な、常識的な考え方であるが、とくに興味があるのは、多くの機械を否定するなかで、ガンジーがシンガーミシンだけは例外としていることである。しかもそれにはロマンスさえともなっている、という。

シンガー氏は、自分の妻が手縫いで退屈《たいくつ》な骨の折れる仕事をしているのを見て、妻への愛情から、不必要な労働としての縫う手間《てま》を省くためミシンを工夫した。それは単に彼女の労働を節約しただけでなく、ミシンを買うことのできるすべての人の労働を節約することになった。しかし、ミシンが人間の手間を省くとすれば、他の機械も同じく人間の手間を省いているのではないか。

それに、「シンガー氏のロマンス」などという大げさな表現を使ってまで、ミシンだけを例外としたのはなぜだろう。ガンジーの理屈には、それほど説得力はないかもしれない。ただ、現在インドでも、他のアジアでも、さらにアフリカでも、婦人がそまつな家の入り口に近いところに、通りに向かってミシンをすえ、自家用や他人から頼まれた衣服を仕立てている風景は、いたるところで見ることができる。ガンジー時代のインドでも、街角の貧しい家で、農家の庭先で、そういう風景が見られたのではないか。何というささやかなロマンス！ロマンスという名で、実はここにガンジーのリアリズムが彫り出されているような気がしてならない。

結婚について

男女の性愛についてガンジーは、産児制限運動家のサンガー夫人との対話で、かなりあけすけに意見を述べている。これについては前にも述べた。学生は第三の質問で、ガンジーが「結婚の制度に反対なのか、どうかを知りたい。」と尋ねている。「これには少し時間をかけて説明しなければならない。」として、かれの結婚観を述べているのである。

人類生活の目標が、救済にあるとすれば、人間として、インド人として、肉体の束縛を断ち、神と一体化することが何より望ましい。結婚は肉体の結合を強める限りでは、この崇高な目的を達成するためにさまたげになる。人は神への献身を十全にするためには、独身生活によらなければならない。子どもを生み、次代をつくるということ以外に、結婚の目的は何であろうか。

学生「あなたは、独身生活をすべての人にすすめなければならないというのですか。」

ガンジー「そうです。」

学生の方が、この答えに、むしろ当惑した。そうなれば、創造の終末になりはしないか。ガンジーは「ノー」という。極端に論理的な結果としても、それは人類の種の消滅にはならないで、ただ、より高い平面への人類の向上があるだけだ。

学生はなおも質問する。芸術家や詩人や、大天才は、自分の子どもたちを通じて、その天才の遺産を残していくのではないか。ガンジーの答えは、これも「ノー」である。

「かれらは自分の子どもをもつよりは、もっと多くの弟子《でし》をもつでしょう。これらの弟子を通じて、かれらのこの世界への贈りものは、それ以外、ほかに伝達できないような方法で、受け継がれていくでしょう。それは魂《サウル》の精神《スピリット》との結婚でしょう。(この際)子孫というのは弟子であり、一種の神聖な生殖がそこにあるのです。」

あまりにこれは精神的すぎて、よく理解できない気もする。ガンジーのいわんとするのは、結婚によらなくとも、人類の遺産の継承はできるというのであろう。事実、ガンジー自身は四人の男の子に恵まれながら、ガンジー自身と同じ道をすすんだ者はいない。否、長男のハーリラールは、ガンジーにあえて反抗し、酒を飲み、回教徒となったりして、父にそむいた。父の不慮の死のときも、かれ自身は人にかくれて柩《ひつぎ》を見送り、その後療養所でさびしい生涯を終えている。ガンジーが自分の子孫をたのみとせず、また、多数にたよらず、少数の訓練者を力としたことと、この結婚観は無縁でないかもしれない。と同時に、この結婚観の精神的にきびしい点はよくわかるが、文明や機械否定の場合と同様に、風刺的に理解しなければ、把握できない面もあるような気もするのである。

手紡ぎについて

最後は手紡ぎについてである。ガンジーの主張によって、自分の手で糸を紡いだ者でなければ、国民会議派のメンバーであることはできない、ということになった。いわゆる「手紡ぎ特権《スピンニング・フランチャイズ》」についての質問である。学生自身も手紡ぎの意義を理解し、自ら実践しているのであるが、それを他人に「強制」することに疑問をもったのである。

これには、ガンジーは例をあげて、きわめて単純明快に反論的に答えている。

ガンジー　「わたしは、あなたにたずねる。会議派は、その党員に酒を飲んではならない、という権利をもっているでしょうか。これもまた個人の自由の制圧ということになるでしょうか。もし会議派が禁酒について の権利を行使しても、そこには反対はないでしょう。なぜか。飲酒の害は明白だからです。そう、今日インドでは、数百万の人たちが、飢死線上《がし》にある。おそらくそれは外国製衣類を輸入することよりも、さらに悪いことです。オリッサ州の飢えた人たちのことを考えてごらんなさい。……」

そこで、ガンジーはインドの現実の悲惨にふれ、一片の食糧を手に入れるためにも、いかにみんなが自分で糸を紡ぐことがたいせつかを諄々《じゅん》と説いているのである。

ここで問題はふたたび美と真理にかえり、学生がくり返す質問に対して、ガンジーは「真理・真実こそ求められるべき最初のものである。」ことを重ねて説いてやまない。

この長い問答をかわした翌朝早くラーマチャンドラン学生は、シャーンティニケータンの大学へ帰って行くのだが、デサイの記録には、学生はかれの師タゴールの説くところと、ガンジーの説くところがどのように異なっているか、また、それはどの程度根本的な差異であるかを、多分にいぶかしがりながら帰って行ったことがしるされている。

宗教的融和の問題

インドは宗教の国といわれる。それはある意味で正しく、ある意味で正しくない。ガンジーは、宗教的な人といわれる。それもある意味で正しく、ある意味で正しくない。正しくないというのは、インドといい、ガンジーという現実の存在を、初めから宗教的というベールで包んでしまうことは、そこにある現実の存在を見失ってしまうことになるからである。

このような誤解ないしは夢想は、これまでしばしばインドについても、ガンジーについても、さらにインドとガンジーとの関係についてもみられてきたのである。ガンジーが熱心に唱道し、実行した印・回融和、すなわちヒンズー教徒とマホメット教徒の融和の問題についても、正当な評価は行なわれていないように思われる。

理論と実践の二つの側面から、この問題を考えてみたい。

ヘーゲルのみたインド的性質

ヘーゲルが、その「歴史哲学」において、中国を「散文的悟性」の国としたのに対し、インドを「空想と感覚」の国としたのは有名である。

「精神と自然との夢想的統一がインドの精神の原理である。」（鈴木権三郎訳『歴史哲学』二七一ページ）

さらにヘーゲルは、この「インドの性質の一般的原理なる夢想的精神」について、それは「構想力による汎神《はんしん》論」である、として、次のようにいっている。

「夢想的なインド人は、われわれが有限者・個別者とよぶところのすべてであると同時に、無限的普遍者・無制約者として、それ自身精神的存在である。……それは構想力による汎神論である。」

ヘーゲル

ここに「夢想的」と呼ばれているものには、今日、われわれがインドについて「宗教的」といっているものと共通するものがある。確かに、インド人は夢想的なものをもち、また、インドには神々がすこぶる多い。それは太陽のもとに、肉体を露出して踊りだす神々の姿でもある。ヒンズー教は、神々の「人口」も「過密《かみつ》」である。

インドの感覚的な一面について、ヘーゲルはかれ自身も感覚的な比喩《ひゆ》を用いて、「分娩《ぶんべん》後の数日、出産の苦しい重荷と仕事から解放されるとともに、愛児を恵まれたことについての心の喜びを包む女にみることができる」ような女性独得の「神経的な美」を見いだしている。確かにこれも熱帯の太陽の国、熱帯の陰の国インドにみられる一面である。

しかも、ヘーゲルは、単に二つの側面を並列的にあげているのではなく、このようなインドでは、あるいは「自然がその支配者であり」、あるいは「いっさいのものが区別のなかに化石化され、その化石化のうえを放恣《ほうし》が支配する」という、凄《すさま》じい精神的・現実的風景がみられることを指摘している。カースト別・地方《コミュナル》別・職業別・家族別・階級別の岩床がわだかまるインド社会とそのうえを吹き荒れ、吹き収まる支配と盲従の風をまざまざと思いうかべることができる。これがヘーゲルの「世界精神」からみたインドの精神的風土である。

マルクスのインド観

ヘーゲルからその方法論（弁証法）を受け継いだといわれるマルクスのインド観も、その中国観とともに有名である。マルクスは、いわば生活の資をかせぐために、当時の時事解説としてインドや中国の問題を「ニューヨーク・トリビューン」紙に寄稿した。その文章が今も古典的な文献としていきていることは、一つの驚異であるが、ヘーゲルで「逆立《さかだ》ちをしていた」弁証法を、唯物《ゆいぶつ》論の土台のうえにおきかえたことで知られるマルクスが、インド観では、ヘーゲルと若干共通の見解を示しているのも興味がある。

といっても、マルクスはあくまで唯物史観の立場にたって、ヘーゲルが汎神論と呼んだものの実態や、とくに自然支配の裏側を、あたかも月の裏側を見るように、みごとに浮き彫りしている。

マルクス

「われわれは、この下劣で、非作動的で、そして植物的な存在、この受動的な存在（牧歌的な村落共同体をさす――著者）が、他面対蹠《たいしょ》的にヒンドスタンにおいて、粗暴な、気ままな、放恣な破壊力をよびおこし、殺人をさえ宗教的儀式にしたことを忘れてはならない。われわれは、この小さな共同体が、カーストの区分および奴隷制によって汚染されていたこと、これらの共同体が人間を外力の支配者の地位に高めずに、外的関係に従属させたこと、これらの共同体が自己発展する社会的状態を不変の自然的運命に変え、それによって、自然の支配者たる人間が、ハヌマンすなわち神話的猿王の前や、サバラすなわち神聖な牝牛の前に、うやうやしくひざまずいているという事実のうちに、その堕落《だらく》ぶりがあらわれている粗野な自然崇拝に到達したことを忘れてはならない。」

大月書店刊（邦訳『マルクス＝エンゲルス選集　第八巻上』一六六ページ）

このように、ヘーゲルやマルクスによって描かれたインドの自然や精神風景のなかで、ガンジーは、いかに行動し、いかに考えたか。

ガンジーはハヌマンの登場するインド神話や教典を讃美し、そこから日常行動の手引きを見いだしていたし、サバラ（牛）を人間に最も近いものとして大事にした。ガンジーによれば、牛は「人間が同盟条約をむすんでいる人類以下の全世界」を象徴するものであり、また「人間と全獣類との友愛の象徴」でもあった。そのために、ガンジーは牛の乳を飲むことさえおそれて、山羊の乳を飲んだのである。

だが、ガンジーは、そのようなインド的汎神論、粗野な自然崇拝、あるいは人間の外的関係への従属のなかに生き、そのような習俗に全身を没しながらも、ただそれだけではなかった。

ヘーゲルやマルクスが描写し、看破したインドのなかにガンジーは生きたのであるが、ガンジーのなかには、さらにもう一つのインドが生きていた。ガンジーは、そのインドを呼吸していた。

印・回融和の問題

インドの宗教との関連でいえば、ガンジーが早くから提唱し、死にいたるまで護持してゆずらなかった印・回融和はその一つであった。

ガンジーはヒンズー教徒の農業・商業カーストであるバイシアの家に生まれた。家庭の環境として、父からは威厳、母からは慈愛《じあい》をうけとった、といわれているが、母がヒンズー教徒のなかで、とくに慈《いつく》しみ深いベーシュナバ派に属していたことも、後年のガンジーに大衆に対する慈愛の念をもたらした遠い源流の一つであろう。

ガンジーの友人であり、伝記や論文の編さん者でもあるアンドリューズも、ガンジーの出生や家系に注目している。ガンジーが宗教的伝統や拘束から、ある意味で比較的「自由」でありえたのは、確かにバイシアのカーストに由来《ゆらい》するところが大きい。

宗教と密着したカーストのおきてについては、ガンジーはロンドン留学にあたって、追放処分をうけたことから、早くも抵抗を経験した。ロンドンでは、菜食主義者と同時にキリスト教徒とも交友した。インド古典も読んだ。

南アフリカでは、『聖書』を読み、『コーラン』を読み、トルストイを読み、ラスキンとともにソローの『市民的不服従』を獄中で読んだ。これらの読書の背景には、ヒンズー教徒も回教徒も合わせて、インド人契約労働者の人権と生活擁護のたたかいがあった。あの南アフリカ二十年の生活は単なる精神遍歴ではなかった。それらはガンジーがインドに帰ってから、インドの土壌で花をひらくのである。

第一次世界大戦後のインドの反英運動のなかには、トルコのカリフ（回教宗主）に対するイギリスの不当弾圧反対（いわゆるキラファット運動）の気運も大いに作用していた。あとで述べる不可触民に対する差別反対とともに、回教徒に対する差別ないし対立感情は、ガンジーにはなかった。

ガンジーの反英運動は、回教徒の指導者として有名なアリ兄弟との提携のうちに発足し、印・回両教徒の協力で前進したのである。

一九二〇年六月、ガンジーはアラハバードでの回教徒会議でも、九月のカルカッタ、十二月のナグプールでの会議派大会でも、非協力運動を力強く呼びかけた。さらに一九二四年には、コーハートでの回教徒とヒンズー教徒との暴動に対する償いとして、ガンジーはモハメッド＝アリの家で二十一日間の「大断食」を決行した。

ハヌマンを拝み、牛を崇拝しながらも、ガンジーは一派の狂信という態度をとらず、いわば信教の自由に通ずる市民的常識を身につけていた。インドの世襲的カーストや植民地的な階級対立と結びついた宗派的な《コミュナル》問題について、とくに一派に偏しないものがガンジーにはあった。それがヒンズー教徒と回教徒の宗派のながれを相互に認めながら、民族的立場（とくにイギリスに対する）で提携し、協力していくというインド的土台を構築していた。

自然崇拝や自然の支配に対する人間の従属ではなく、人間（民族）に対する人間の支配・従属に反対する政治的自覚は、ガンジーの印・回融和の強固な地盤である。

国家と宗教　このことは、ガンジーの晩年、したがってインド独立の直前、ベンガルのノアカーリ地方への決死的行脚《あんぎや》となってあらわれる。

一九四六年十一月七日から翌年、つまり独立の年の三月二日まで、ガンジーが印・回対立の激しいノアカーリ地方を巡歴したことは先にもふれたが、これは容易ならぬ決死行であった。途中、幾たびか生命の危険にさらされている。ガンジー自身「もし必要ならば、暗殺者の手にかかって殺されてもいい。」と述べているのである。

ガンジーは、国家と宗教については、きわめて明確な、そして、進歩的な考え方をもっていた。

「全集団が一つの宗教をもっているところでも、わたしは国家宗教なるものを信じない。国家の（宗教にたいする）干渉は、いつでも歓迎すべきことではない。宗教は純粋に個人的なことである。わたしは部分的にせよ、全体としてにせよ、宗教団体への国家の援助には反対である。」（傍点著者）

この意味で宗教の基調に、ガンジーは個人的自由をおいていた。インドが宗教的にみられるように、ガンジーも宗教的にみられてきた。しかし、ガンジーは宗教に対する国家の干渉には頑《がん》として反対であったし、インドを「ヒンズー教（徒）の国家」にしようとは考えていなかった。

ハヌマンや牛の崇拝の根強い国インドでは、このような信教の自由を堅持するだけで、生命を賭《か》けねばならなかった。ガンジーは、まさに生涯をかけた非暴力の力で、その信教の自由をほんの一センチか、一インチ（約二、五四センチメートル）もち上げた。それをハヌマンの徒は喜ばず、ヘーゲルのいう「化石化された個別化」のうえの放恣——つまり、暗殺のテロが吹き荒れたのである。

しかも、ガンジーは印・回融和、信教の自由の彼方《かなた》に、「ラーム-ラージ」（神の支配）という、きわめてばく然としたものであるが、一種の社会福祉国家を考えていた。それは自然の支配する運命の暴威の前では、ときに「社会主義」の国を思わせるものがあった。もちろん、インド的な、ガンジー的な意味での風にゆれる灯《ともしび》のような「社会主義」ではあるが……。

ガンジー主義と社会主義

ガンジーは、第二次世界大戦勃発後、アガーカーン宮殿に収容されていたとき、ついにマルクスの『資本論』を読み終えた、といわれる。また、ピヤレラールによると、ガンジーはマルクスの他の書物や、エンゲルス・レーニン・スターリン、ならびに中国の共産主義についての本なども読んだことがある、といわれている。

タゴールもネルーも、招かれてソビエト連邦を訪問したことがあるが、ガンジーはソビエト連邦へ行ったことはない。そして、超高度の精神主義者であるガンジーが、共産主義者であるわけがない。それにもかかわらず、ガンジー主義と共産主義はよく比較される。先にあげた四つの方程式はそのあらわれである。

ガンジーの社会主義観・共産主義観は、ルイス゠フィッシャーとの会談にもうかがわれ、伝記のなかにも描写されている。それについては後でふれることにして、最初にピヤレラールやビノーバ゠バーベの記述から、この問題をとりあげてみよう。

アミーバの思想

ピヤレラールの記述によると、ガンジーは、フイッシャーとの対話のなかで、「わたしはわが社会主義者の友人たちの自己否定や犠牲の精神に最大の讃辞をささげるものですが、しかし、かれらのやり方とわたしのやり方の間の鋭い相違をかくしたことはない。」といい、かれらの「暴力」に対して、自分の「非暴力」をあげている。

それに違いないが、決然たるこの判定にいたるまでには相当の迂余曲折《うよきよくせつ》がある。ガンジーは、かれらの多くが生まれる前から、自分は「社会主義者」であった、という。南アフリカ時代に、ヨハネスバーグで熱烈な社会主義者を説得した、というのである。

「社会主義とは何ですか。」という問いに、ガンジーは、「このアントウージスーラスト（『この後の者に』）」のことだと答える。「わたしは盲人《めくら》や、つんぼや、唖者《おし》の人たちを踏み台にして立とうと思わない。」いわば人道的社会主義の片鱗《へんりん》が、ここにはある。

そして、特徴的なことは、ガンジーが「国家がすべてを所有すること」に強く反対していることである。その限りにおいて、ガンジーの目には、アメリカもソビエト連邦も差別はない。かれ自身のいう「変形された社会主義」では、「国家はすべてのものを所有しない」のである。

このような立場からは、いわゆる「社会主義は独裁か、さもなければ肘掛け椅子《アーム・チェア》の哲学にほかならない。」「わたしも自分を共産主義者《コミュニスト》とよぶ。」とガンジーはいうのである。「そんなことをいうのは、よくない。」とフィッシャーは、たしなめるように警告したあと、「レーニンについてどう思うか。」と聞いている。

「レーニンは、それ（共産主義）を前進させ、スターリンが、それを完成させた。」

結局ガンジー自身がいっているのは、「わたしの共産主義は、社会主義と共産主義、二つのものの調和的折衷《せっちゅう》である。わたしの解釈では、共産主義は社会主義の自然的な帰結である。」ということである。

かってな放言ともいえるような会話の断片を紹介したが、やはり反共主義の精神主義者であるビノーバは、ガンジー主義と共産主義は、絶対相入れないものであり、したがって、四つの方程式に書かれたように、ガンジー主義に暴力を加えたり、共産主義に非暴力を加えたりして何かが合成されるものでなく、両者の相違は、基本的である、といっている。

ここで興味のあるのは、その際ビノーバが、「もし共産主義を堅固で、壮大な花崗《かこう》岩であるとすれば、ガンジー主義はたえず変化するアミーバである。」といっている点である。これは側近者としての実感にあふれたことばである。

さらに、ビノーバは、ガンジー自身が先にいったことと、後にいったこととの間に矛盾撞着《どうちゃく》があるようなとき、――それはしばしばあるのだが――それを無理に統一しようと苦慮することはない、後の方をうけ入れ、前の方を否定し、さらに前進することだ、といっている。

これだけのことを前提にしておいて、主題のガンジー主義と社会主義、つまり社会主義（とくにインドの社会主義）に対して、ガンジーあるいはガンジー主義がどういう関係にあるかをみていこう。

大きな不平等の前で　インドには、イギリスとインド、イギリス人とインド人という、不平等のほかに、上は大金持ち・大地主から、下は貧農・ハリジャンにいたるまでの大きな不平等があった。インドはアジア植民地のなかでも、早くから民族資本の成長したところであり、植民地としては、工業化もある程度すすんでいた。

インドは高い峰から、深い谷間へかけての社会的傾斜をなしており、貧しい大部分の人たちは、都市や農村の谷間の底にうごめいていた。

ガンジーが、このような傾斜を上からではなく、下から見上げ、比較的「公正」な立場から考察できたのは、本来の性質のほか、かれがカーストのなかでの、いわば中産階級に当たるバイシアの出身であるところからきているのであろう。と同時に、ガンジーは個人的所有や富についても、観念的ではあるが、独自の見解をもっていた。

ガンジーは、富について個人的所有ということを認めなかった。富は神からの一時的寄託（trust）にすぎず、本来神に所属すべきものである、と考えていた。それは地主の所有する土地についても同じであった。地主は「小作人の管財人」、あるいは「信託をうけた友人」でなければならない。「たとえば、富の所有によって得られるよろこびは錯覚である。」というのが、かれの信念であった。

しかも、ガンジーによれば、「金や所有への執着は恐怖の産物」であった。暴力や不正直が恐怖のあらわれであるように、金や物に執着するのも、すべて恐怖からくる。ガンジーは、「無畏」を説き、イギリス人をおそれるな、といったが、それと同じように、金や物についても、それを恐怖の産物だとしたのである。

「真のインドは農村にある」というのが信念であったが、そこでいちばん大事なことは、働く農民が土地を持ち、自分の労働で生産したものを自分の手に入れる、ということであった。これが貧困を駆逐し、国家や民族の独立を保障する最も基本的な要件であった。第二次世界大戦後、相次いでうまれたアジア・アフリカ諸国のうち、社会主義体制へ向かった国々（中国・北朝鮮・北ベトナム）では、土地革命が完遂され、土地が働く農民のものになり、農業協同組合、あるいは中国の人民公社のように、集団所有となった。

しかし、土地革命を十分に行なわず、民族・民主革命に終わった地域、あるいはそれさえも完遂されなかった国々（ビルマ・インドネシア・フィリピン・パキスタン・インドなど）では、農業と農民が安定せず、政治不安が後をたたない。土地問題は、独立を目ざす国々、独立後の建設をすすめる国々の政権が強固であるか、脆弱《ぜいじゃく》であるかをためすリトマス試験紙のようなものであった。

ガンジーは、理想としては、「土地はわれわれの神のものだから、そこに働く人々のものである。」ことを認めていた。神のものは、民のもので

日本式の田植え（苗代）

ある。しかし、現実的には、「その理想的な状態がくるまで、地主の取得分を削減する」運動を正しいとした。

このことは晩年のノアカーリの地方巡歴のとき、土地の人たちから「地主の取り分は収穫の半分か、三分の一にすればいいと考えるか。」と問われたとき、具体的にはどちらが適当か答えなかったが、「地主の取得分を削減する」ことを歓迎し、支持すると答えたことにもあらわれている。

富や所有についてのこうしたガンジーの考え方、インドに存在する大きな不平等に対するその批判は、たとえ、それが神の名において行なわれたものであるにせよ、ガンジーについて社会主義者、少なくとも社会改革家としての印象を強めるのに役だっている。

社会改革家として

ガンジーには社会改革家としての印象が強いか、弱いかの問題ではなく、現にガンジーは、「わたしは社会革命家です。」といっている。それはルイス＝フィッシャーが一九四六年六月、二度めにガンジーを尋ねたとき、「インドにカーストも、階級もない社会をつくるために努力しているのだ」と語ったあと、そう述べているのである。もちろん、非暴力を手段としての社会革命家であるが……。

それればかりではない、南アフリカからインドへかえってまもなくのころ、「わたし自身も無政府主義者の一員でありますが、（今日インドにいる一団の人々とは）別の部類のものです。」という意味のことを、ある大学での講演で発言したことがある。

神を口にし、非暴力を至上のものとしながら一方で、自然を説き、自然療法を自ら試み、人にもほどこし、機械文明の悪の一面を激しく攻撃するガンジーには、一種アナーキーな感じのする一面があった。

それは人間の知性の先に感情、頭より先に胸に訴えようとする発想法とも通ずるものであった。事実、一九二〇年代の初めに、イギリス製品のボイコットをしたとき、イギリス製のせんい製品ばかりか、ネルー首相の愛娘《まなむすめ》インディラ（現在のインド首相）のイギリス製ぬいぐるみのおもちゃまで火に投じて燃やされたとき、ガンジーは「破壊の論理」を説き、イギリス人への怒りをイギリスのものへ移すのだという「破壊の論理」を実践して、タゴールと論争したことがあった。そのとき、タゴールは「衣服は着るべきもので、焼くよりは貧民や衣服に乏しい人にあたえるべきだ。」といった。これに対してガンジーは、「わたしが焼くことをねがっているのは、あなた自身の衣服である。」といい、「わたしは外国製衣類を焼くことで、わたしの恥を焼いている。」と反駁《はんばく》した。そのとき、ガンジーは、一日に高価な衣類約十五万点を焼いたという。ガンジーを将軍とすればタゴールは式部官であり、ガンジーを麦畑とすれば、タゴールは薔薇《ばら》園であるといわれるのはそのためであり、伝記作者も指摘するとおり、ガンジーには確かに「保守的な伝統主義者と急進的な偶像破壊者が、じれったいほど、予期できないほどに混合していた」のである。

さらにもう一つ、ガンジーは政治的には穏健な改良派のゴーカレーの系譜に属しながら、議会による活動、立憲手段による政治活動を第一義とせず、またそれに主力をおかなかった。これはきわめて特徴的なことである。

「議会での計画は、つねに国家活動の最小のものであるというのが、わたしの持論である。もっとも重要で恒久的な作業は議会の外で行なわれる。」

これは一九四二年に機関紙「ハリジャン」に書いた文章の一節であるが、ガンジーは終始議会病患者ではなく、「権力政治に参加する」ことを望まなかった。何よりも個人的活動に重きをおき、自分自身の実践を第一としたのである。かれは、身をもってする政治的扇動家であり、その意味での政治指導者であったが、組織者ではなかった。

組織者の任務、権力政治への参加は、すべてネルーの仕事として、独立後にまで引き継がれたのである。

社会主義と社会建設活動

やや牧歌的な社会革命家としてのガンジーにふれてきたが、一九三〇年代にはいると、ガンジーもただばく然とした社会主義、社会改革ではなく、もっと理論的な社会主義と接触せざるをえなくなった。

一九三三年には、すでにインド各地に結成されていた共産党勢力の全インド中央組織としてのインド共産党が創立され、翌年には、インド国民会議派内の社会主義勢力によって、いわゆる会議派社会党が結成された。後者の場合、ガンジーは人にすすめられて幾冊かの社会主義文献を読んでいる。

そして、一九三七年には、機関紙「ハリジャン」に「マモン（富の神）崇拝を教えこみ、弱者の犠牲のうえに強者の蓄財を可能にする経済は虚偽の、陰惨な科学である。」と書き、真の経済としての社会主義および倫理価値にふれている。そこまで、ガンジーの認識はすすんだし、周辺の人たち、とくにネルーなどの影響も強かったのであろう。

興味のあるのは、ルイス＝フィッシャー*との対話で、フィッシャーが「会議派が財界から資金をだしてもらうことは、政策に影響はないか。」とたずねたのに対して、ガンジーは「無言の負債にはなるが、実際に影響をうけることはない。」と答え、さらにフィッシャーが「社会問題や経済問題をほとんど除外して、民族主義に専心するというのは、そういう影響の結果の一つではないか。」と追究したのに、ガンジーが、それを否定して、次のように答えていることである。

「会議派はこれまでとくにパンディット＝ネルーの影響下にあって、経済計画のため進歩した社会政策や計画を採用してきています。」

つまり、科学的な社会主義、あるいはその経済計画は、「ネルーの影響の下《もと》に」まとめられ、すすめられているのであって、そのかぎりではガンジーの管轄の外にある。裏を返していえば、インド独立と統一が、ガンジー自身の推進してきた歴史的役割であった。

それでは、独立への展望のもとに、ガンジーがさらに自覚し、ガンジー自身に任せられ、独自にすすめられた分野は何であるか。それがいわゆる「社会建設活動《コンストラクティブ・ワーク》」である。それはインド民衆への直接奉仕の仕事で

* ルイス＝フィッシャーとの対話　ルイス＝フィッシャー　古賀勝郎訳『ガンジー』による。

あった。この活動家たちは、「社会建設活動家《コンストラクティブ・ワーカー》」たちであり、その主要な目標は次のとおりであった。

(1) 不可触民制撤廃（ハリジャン運動）
(2) 国語としてのヒンズー語普及
(3) 基礎教育《ベーシック・エデュケーション》の普及
(4) 食糧生産の改善
(5) 農村産業（村落工業）の振興
(6) 手紡ぎの奨励

これらの活動家たちは、都会でも働いたが、農村にはいって献身的に活動した。ガンジーの死後、ガンジー主義者と呼ばれるのは、この社会建設活動に従事している人たちのことである。わずかにビノーバ＝バーベが、例の「土地献納《ブーダン・ムーブメント》」運動で、非暴力手段によるきわめて特殊な土地分配にのりだしているほか、ガンジー主義者たちの仕事は、社会福祉的な事業に限られている。

ガンジーの社会主義、社会改革の実態は、結局、愛（非暴力）の手段による社会建設に終わっているようにみえる。自ら「権力に参加する」ことを望まなかったガンジーおよびガンジー主義者にとって、これは一種必然のコースでもあるが、インドの今日当面の問題はネルーらに任せられた科学的社会主義による改革と変革が停滞し、挫折《ざせつ》し、反動化し、画餅《がべい》に帰しつつあることである。

たとえばインド民衆を餓死の境地に追いつめている食糧飢饉《ききん》の問題にしても、ガンジーは、一九四六年十月六日付けの「ハリジャン」に書いた「共産主義者への解答」のなかで、こう述べている。

「……わたしは外部の力への依存ということに賛成できない。わたしはかつて、現在の食糧飢饉にあたっても、ロシア小麦にたよってはならない、といったことがある。われわれは外からの同情にたよるよりは、われわれの土壌があたえてくれるもので生きていく能力と勇気をもたねばならない。でなければ、われわれは一個の独立国家として存在する価値がない。同様のことは、外国のイデオロギーについてもいえる。」

これは、かつての「中立」の路線を離れて、米・ソへの依存を強めている現代インドへの警鐘というべきであろう。

独立のため「純粋かつ無私の奉仕」を努力し続けたガンジーは、民族に強く、階級に弱い。社会主義や共産主義への理解の浅さは、そのあらわれであろう。しかし、独立への献身のなかには、凛然《りんぜん》たる響きがこもっている。この民族に強い一面を継承しつつ、階級に弱い一面を補強する、真にすぐれた政治家・社会革命家のいないことは、ガンジー亡きあとのインドの不幸といわねばならない。

ガンジーと農民

「頭に載《の》せた木綿袋を指さして彼はいう、≪土中から飛出た人間だ、インドの泥《どろ》が私に王冠をつけて呉れる≫」（『マハートマ＝ガンジー』より）

これは、先にもあげた日本の詩人ヨネ＝ノグチ（野口米次郎）が、ガンジーを尋ねたときの詩の一節である。ヨネ＝ノグチは、この詩に注釈を加えて、ガンジーが頭にのせていたもめん袋には、水にぬらした泥がはいっていた、と説明している。ガンジー特有の自然療法である。ガンジーは「一九〇一年に薬びんに別れを告げ」てから、自然療法と食事や睡眠の規則的な習慣を身につけた。

自然療法を自分で行なっただけでなく、他人にもこれをほどこした。鉄道に近い小村で、一種の診療所を設けたこともある。主として農民を相手に、処法はたいがい水を飲むこと、日光浴をすること、腰湯をつかうこと、神の名を何べんも復唱すること、などであった。

それはともかく、病むときも頭に土をいただくガンジーは、頭から足の先まで、インドの土から生まれ、インドの土に足をつけて生きた人であった、といえる。ガンジーには、農民的風貌《ふうぼう》と農民的思考がある。

ガンジーをレーニンと対比した『レーニンとガンジー』の著者フュレップ゠ミュラーも、両者に共通の性格として、農民的要素をあげている。

農民の合理主義

ミュラーは「レーニンは農民的要素を多分にもっていた。かれの単純な信頼すべき性格、実際的利益にたいする慎重な観察は、すべてのロシアの農民にみうけられる特徴である。」といい、さらに、「レーニンの唯一《ゆいいつ》の目的は、教育のない、政治的思索になれていないロシアの農民にさえも、理解のいくように農民をして立って行動せしめることのできるように、かれの理論の科学的内容をできるだけ説明することであった。かれの言説のどの一つのことばでも、その目的をもち、直接行動をめざすものであった。したがって、このような理由のもとに、かれのことばにはいずれも意志力が充満していて、かれのことばはただちに、ことば自身の力で行動化されていった。」といっている。

ガンジーの理論にレーニンのような「科学的内容」があったか、どうかは疑問としなければならないが、ここでいわれていることは、レーニンよりもガンジー自身にもっと適応するように思われる。ガンジー自身が、初め機関紙「ヤングーインディア」のちに「ハリジャン」に書いた論説は、短いながら、いつでもみなことばがそのまま行動化されるものばかりであった。

しいて現代にそのような類推を求めるとすれば、中国の毛沢東主席の『語録』や「指示」、北ベトナムのホー゠チミン主席の「メッセージ」や国民への「よびかけ」があげられるであろう。

ミュラーは、その際レーニンについてのトロツキーの批評をかかげている。

「レーニンはつねに同じ調子の歌をうたっている。すなわち、人間と人間とのあいだの社会的差異を根底から変革しようとする必要、とくにこの目的に到達するための最善の方法をうたっている。」

ここにいわれていることばの内容を変えていえば、これもそっくりそのままガンジーにあてはまるように思われる。常に同じ調子の歌、それはガンジーの場合、非暴力による人間性の根底からの変革と、インドのイギリスからの解放。そして、そのエネルギーをガンジーもインド農民からくみとろうとした。

ミュラーは、さらにレーニンのもっていた「生地《きじ》のままの単純性」あるいは「つねに実際をめざしている農民の合理主義」が、レーニンの政治的活動のなかにあらわれていること、そして、それはレーニンの天性に深く根ざしたものであることを指摘しているが、これもまたそのままガンジーにあてはまる。

とくに、それはガンジーの「紡ぎ車」やインド手製の衣服《カダール》使用についていえる。これについてはあとでもう一度とりあげたい。

ミュラーは、一般に政治家として、政治的指導者として、革命家としてのレーニンとガンジーを比較したのであるが、その際農民的要素をほとんど第一義的にあげていることは、一九二〇年代の一時期にこの二人が少なくとも革命家として同一線上で扱われているという歴史的事実とともに、いまでも重視すべきものを含んでいる。

しかし、その当時も、その後も、一貫して両者には相入れない一点があった。それはミュラーのいうように、「レーニンが農民と共通のものをもっていたのは、ただに農民的鋭敏ばかりでなく、農民のもつ暴力的傾向であった。かれは民衆のあらゆる原始的な力を本質的にもつ一人であった。そして、かれがあの一大革命をおこすことができたのは、かれの力によるのだ。」といっているのに対し、ガンジーは、農民的鋭敏さをともにしながらも、かれの説いたのは非暴力であり、せいぜい非暴力の「革命」であった。

ガンジーは、インド農民がかつて封建的支配者に向けてしばしば試みた罷市《ハルタール》、つまりカマドの火を消して、野に出て抵抗の生活を続けるやり方を採用したが、それは都市農村も含めて、すべて非暴力の不服従抵抗としてであった。

ガンジーには、そのアナーキー的な一面があったにもかかわらず、農民一揆《いっき》的な言動はなかった。むしろ、そのような暴動的な爆発に対しては、「ヒマラヤの誤算」であるとして急ブレーキをかけたのである。その意味で、ガンジーは、きわめて牧歌的にみえながら、あくまで合理的・組織的な一面も強かった、といえる。

会議派を農村の基盤のうえに

インド民族運動の推進力であり、推進機関であったインド国民会議派をインド農村の地盤のうえにおいたのは、ほかならぬガンジーその人であった。

一九二〇年十二月、中部インドのナグプールでひらかれた会議派年次大会で、ガンジーは、会議派末端の底辺組織を村落《ビレージ》委員会におき、そこで直接インド民衆つまりインド農民と密着しながら、村落のうえに地区《ウォード》・町《タウン》・分区《タルカ（ターシル）》・区《ディストリクト》・州《プロビンス》の各委員会をおき、さらにそのうえに三五〇人から成る全インド会議派委員会（A.I.C.C.）ならびにその執行部として運営委員会《ワーキング・コミッティ》をおき、最高決定機関としての会議派年次大会《アニュアル・セッション》とむすびつけた。

会議派は最初インド人の不満のはけ口として、インド各地方のいわゆる「名望家」を集めた懇談会的なものから出発し、弁護士・医師・インド人官僚ないし官僚あがりなど、小ブルジョアジー・民族ブルジョアジーを主力とする政治的発言機関となり、十九世紀の九十年ころからは、硬軟両派のナショナリストを含む民族的政党となってきていたが、直接民衆の基盤のうえにたつものではなかった。

かれ自身農民の心をもち、農民の小作闘争を指導し、農民の政治的自覚のため最大の努力をそそいだガンジーであればこそ、会議派を農村の土台のうえにすえることができたのである。同時に、これは会議派の全国組織化を実現したものであった。これは単に組織の全国化をはかった、というにとどまるものではない。

第一次世界大戦後、ガンジーの指導による対英・非協力・不服従運動が全国的に激しく展開され、農民が背広ではなく、インド人の日常の服装のまま会議派大会に参加し、英語ではなく、インドの地方語で発言するようになって、初めて組織の全国化が可能だったのである。

運動（闘争）のまえに組織があるのではなく、組織化のまえに運動（闘争）がある、という政治的原則は、ガンジーの場合も例外ではない。

会議派の地盤を農村におくと同時に、一方ガンジーは、州の行政的区画を言語別に再編成すべきことを提唱している。これまでインドにはイギリスの任命する理事官《レジデント》のもとに、かいらい的な存在を認められた数百の藩王国《ステート》や自治州《プロビンス》や非自治州など、さまざまの行政区画があり、とくに州境はイギリスのインド征服当時のままか、イギリスのインド統治に便利なようにつくられたものであった。

これについてガンジーは、その地方地方に通用する言語の流通範囲を基準にして州境を改めるよう提案した。この言語州《リンギスティック・ステート》の原則は、一九四七年のインド独立後、さらに数年経てほぼ実現された。この点、会議派というよりは、ガンジー自身その先見の明を誇っていいわけである。

ひとりの農民として

一九二二年三月十八日、ガンジーがインド法廷で「最初の審判」に臨んだときも、ガンジーは自分の職業を農業兼機《はた》織り業として、自ら農民であることを誇りとした。「農村こそ真のインド」であり、「農村こそ自分の生きがいとしているインド」である、というのがガンジーの信念であった。真のインド、生きがいのインドをガンジーは自分の足でよく歩いた。北はヒマラヤから、南はコモリン岬まで、ガンジーは、ほとんど歩いて知っていた。ガンジーほどに、インドの土地カンをもっていた人はない、といってもいい。

それほどガンジーは、インドそのものであり、とくにインド農民自身であったが、かれの反英独立運動は、「インド農民対（イギリスの）国家権力」というじきじきの対決のかたちはとらなかった。ガンジーは、国家権力を相手の政治闘争を行なったが、それは直接的に農民の力に依拠し、農民の力の抵抗を組織した、というものではなかった。

国家権力を直接の対敵として、農民自身のたたかいを挑《いど》むためには、さらに農民のなかの最も抑圧され、虐《しい》げられた者、すなわち雇農（農業プロレタリアート）・貧農、あるいは、土地をほとんど持っていない、貧しい中農に依拠するほかない。

ガンジーの場合は、そうではなかった。農民という名ですべてが包括され、農村という名で全インドが包括された。工場労働者を主とするプロレタリアートの場合と異なって、農民のなかには、広汎なブルジョアジーが含まれる。ガンジーはそのような階級的構造は問題にしなかった。かれの場合は、イギリス対インドという、民族的立場が第一義であった。ガンジーの立場がよくいって「流動的」、悪くいえば「妥協的」であったのは、そのためである。

しかし、「民族に強く、階級に弱い」という致命的な欠陥があったにせよ、これまでインド独立運動史上に、農民を名のり、農民の名においてインドのためにたち上がった政治的指導者が、一揆や特殊の農民運動の場合を除いて、ほとんどなかったことを思えば、ガンジーの役割を過小に評価できないのである。

カダールの倫理

ガンジー以前にも、イギリス製品をボイコットし、インド製品、すなわち国産品を愛用せよ、という運動はすすめられていた。いわゆるスワデーシ運動である。

しかし、このスワデーシ運動をガンジーほど象徴的に高め、統一的に遂行した人はなかった。カダール（Khaddar）の愛用は、その代表的なものである。カダールは、インド綿を「紡ぎ車」で紡いで、手製でつくった木綿《もめん》着である。インドの農民はこれを着ているし、農民以外の人ももちろん着ている。そのうえ、手製の木綿でつくった白い帽子もあって、みんなはこれをガンジー帽として愛用した。ガンジー自身は、自分の頭に自分の「シャッポ」（帽子）をかぶるのはおもしろくないとみえて、無帽になったようだが、亡くなったプラサド大統領も、ネルー首相も、そのほかガンジーの衣鉢《いはつ》を継ぐ人たちは、みな終生これを愛用したのであった。

後年、会議派がしだいに堕落して、会議派出身の政治家による汚職が目にあまるようになってから、一時はガンジー帽が腐敗・堕落のシンボルとして攻撃されたことさえあった。

カダールの経済と倫理

ガンジーの理解者で、ガンジー主義の信奉者であるグレーギー（R. B. Gregy）という人は、『カダールの経済』（Economics of Khaddar）という本を書いている。詳細はよくわからないが、ガンジー主義の立場で、国産品愛用その他の経済について書いたのであろう。

この『カダールの経済』にならって、やはりガンジーの友人のひとり、アンドリューズが、『カダールの倫理』（Ethics of Kaddhar）を編集した。もちろん、これも「紡ぎ車」や国産品愛用にもとづくガンジーの道徳的主張を集めたものであるが、アンドリューズは主著（編）の一つである『マハートマ＝ガンジーの思想』のなかで次のように述べている。

「インドの貧しい人民を救済するための経済的綱領《エコノミック・プログラム》をつくることが、ガンジーの宗教の本質的な部分であったということが、いかに自然であるかは、この観点からのみ理解できるであろう。」（同書一四七ページ）

この観点というのは、バイシアのカーストに生まれたガンジーの家系と環境が、ガンジーの「頑固《がんこ》な理想《アイデア》主義者《リスト》」の一面に、きわめて「独自な功利主義者《ユーティリタリアン》」の一面をあたえている、というアンドリューズの指摘した観点をさすものである。

ガンジーの言行や、政治的活動のなかに、ときどききわめて現実的なものを発見して驚くことがある。ガンジーを理想主義一辺倒、まして宗教家・道徳家としてみていたのでは、とうてい把握しがたいものが随所に見いだされるのである。むしろ、これはガンジーに代表されたインド特有のものといっていいかもしれないものである。

ガンジーが「紡ぎ車」をすすめ、それを教育のカリキュラムにおいたのも、単に「労働の神聖」や労作教育といった抽象的なもののためではなかった。その労働に対してむくいられる現実的収入のことをガンジーは考慮にいれている。それはことばの現実的・民衆的意味において「働き」になるのである。しかも、この「働き」は、ガンジー自身にとっても、各人にとっても、「個人倫理と公共活動の合一の象徴」として推進されたのであった。このようなきわめて現実的な軸のうえに、ガンジーの壮大な、そして自己抑制的な理想主義がきずかれている点を見のがしては、ガンジーおよびガンジー主義を理解したことにはならない。また、この点を無視して、ガンジーを「批判」してもほんとうの「批判」にはならない。

貧しい余暇《レジャー》の利用

それを全インド的な規模でいうならば、自然（季節）や、土地所有の関係で、一年に四か月もある「農閑期」の余暇を利用する、ということが含まれていた。ただでさえ暑い季節に働くことはインドでは不可能であった。お釈迦《しゃか》さまでさえ、森のなかの木陰で「悟り」をひらいたのではないか。

暑いひでりの夏には、泥《どろ》でつくり、牛の糞《ふん》で壁を塗った家の片すみか、街《まち》の木陰か、軒の下で静かに――というのは乏しいエネルギーをできるだけ消耗せずに――寝そべっている以外にない。それが自然に対処する最良の方法である。

しかし、そこでもできるのは「紡ぎ車《チャルカ》」を回すことである。熱暑のもとで、ひび割れした大地の上に立つことができず、立っても何ごともできないときに、家や木陰にこもってできるのは、「紡ぎ車」を回すことであった。あの古代的響きのなかには、きびしいインド、植民地インドで生きるものの生命のリズムが託されていた。それは、インドの政治や自然との「妥協」のもとに行なわれるものであったかもしれないが、それだけに現実的であった。

貧しいインドの家庭、農家の主婦たちが、いかに「紡ぎ車」を回し、手織りを営むことによって現金収入を手にしたか。また、その現金が、食費の一部となるほか、子どもたちの着るものや、学用品や、文房具の一部となったことか！　ガンジーはインドのそういう部分に生きている。したがって全インドに生きているのだ！　私はインドで、直接主婦や女子教師の人たちの口から、それを聞いたことがあった。

そのような現実的基礎のうえにたって、ガンジーは、「カダールは、アヒムサ（不殺生）の根源であり、象徴であった。」といえたのである。否、「紡ぎ車」は国民会議派の党旗として、独立運動のシンボルになった。秘密とはいえないほどの乏しいことであるかもしれないが、そこにアジアの、インドの一つの秘密があった。その秘密にふれることなしに、インドについて語ることはできないし、まして、ガンジーについて語ることはできない。私たちひとりびとりの心のなかにある「紡ぎ車」は何であろうか。ガンジーは、こうしてたえず私たちに呼びかけるものをもっているのである。

今にして思えば、そういう無数の小さな秘密の、乏しい現実主義のうえにたつ民族解放運動が、それなりに弱点をもつものであることは明白である。それでもインドは、イギリスに反旗をひるがえし、「造反」しなければならなかったのである。

村落工業《コテージ・インダストリー》について

ガンジーの有名な村落工業も、このような「紡ぎ車」と手織りのうえにたっていた。

ガンジーは、そのようなインドを、近代植民地主義のイギリス（帝国主義）に対立させたのであった。

村落工業についても、ガンジーおよびガンジー主義による理論がないわけではないが、ここで重要視されたのは、その村落および付近に、その手工業の原料があること、そして、その手工業製品をさばく市場が、その村落および付近にある、という二点である。この条件がみたされなければ、村落工業のもつ現実的な意味がいかされないのである。

これもまた一見ガンジー的な牧歌的なものであるが、その意味は単に牧歌的にとどまるものではない。

マルクスは有名なインド問題についての論文、とくに「インドにおけるイギリスの支配」のなかで、イギリスの資本と技術によるインド村落工業、つまり「インド農業と手工業の結合」の破壊について指摘している。

チャルカ（紡ぎ車）をあやつる少女

「インドの手織機をうちこわし、紡ぎ車を粉砕したのは、イギリスの侵入者であった。イギリスはまずインドの木綿製品をヨーロッパの市場から駆逐することからはじめた。それから撚《よ》り糸をヒンドスタン（インド）に入れ、ついに木綿の原産地に木綿を氾濫《はんらん》させた。一八一八年から一八三六年までに、イギリスのインド向け輸出は、一対五、二〇〇の割合で増加した。一八二四年にはイギリスのモスリンのインド向け輸出は、一〇〇万ヤード（約九一四・四キロメートル）足らずであったが、一八三七年には、それはすでに六、四〇〇万ヤード（約五八、五二一・六キロメートル）をこえている。しかし、この同じ期間にダッカ市（現在の東ベンガル）の人口は、十五万人から二万人に減少した。しかし、その織物製品で有名なインドの都市のこの衰乏も、まだけっして最悪の結果ではなかった。イギリスの蒸気力とイギリスの科学とが、全ヒンドスタンにおいて農業と手工業との結合をうちこわしたのである。」

(Karl Marx; Articles on India, 二六ページ　前掲マル＝エン選集　第八巻　一八三ページ)

イギリスがインドに侵入する前まで、インドでは織物業が繁栄し、その技巧もすばらしく、あのインド婦人のかぼそい指にはめた指輪の穴を、数ヤードの織物製品を丸めてくぐらせることができたほどであった、という。蒸気力とイギリスの科学は、この技術をみごとに粉砕した。質より量でもあるが、同時に量よりも量の帰結であった。ここにイギリスのインド支配の根源があった。

その意味で、ガンジーの村落工業の復活奨励はその禍根《かこん》を衝《つ》いたものであった。確かに、それは土手の最初のすきまに土を埋めるものであった。

しかし、すべての破壊と同様に、イギリスによるインドの破壊にも、一つの歴史的意義があった。マルクスは、次のようにいっている。

「社会組織のこの小さなステロ版的な形（インド村落共同体）は、イギリスの徴税吏やイギリス兵の残酷な干渉の結果というよりもむしろイギリスの蒸気機関や、イギリスの自由貿易のおかげで、大部分解除され、そして消滅しはじめている。この種の家族共同体は、手織、手紡ぎおよび手営農耕の独特な総合によって成り、かれらを自給自足者にしている家内工業のうえに基礎をおいている紡工をランカシャーへ、織工をベンガルへ移し、またはヒンズー紡工とヒンズー織工との両者を吹き飛ばしてしまったイギリスの干渉は、その経済的基礎を破砕することによって、これらの小さな半野蛮的、半開明的共同体を解体させ、かくしてアジアがかつてみた最大の、そして真実のことをいえば唯一の社会的革命が完成したのである。」（前掲　マル＝エン選集　第八巻　一八五ページ）

事態は明白である。イギリスによる旧インドの解体は、それ自身社会革命であった。インドによるイギリス（帝国主義）の解体を目ざすガンジーは、問題の源流までさかのぼって考えた。考えたというよりは、一種のカンでそれを試みた。

しかし、問題の解決はインドの社会革命を継承し、発展させる以外にない。村落工業・家内工業の復活は、問題意識を根元的に把握させる要因をもってはいるが、インドの新しい社会革命を代行できるものではない。

ガンジーは問題の所在を示したが、その解決方法は提唱していない。すべてはガンジー死後、つまりインド独立後の「社会主義」に託された。その社会主義は、現在混迷のなかにある。

ガンジーのリアリズムは、問題解決のエネルギーを集結するには足りないものであった。かれはひたすら問題の所在と、インド独立の方向性を示すにとどまった。つまり、民族独立の原点を示すことが、同時にガンジーのリアリズムの限界であった。

不可触民の問題

ガンジーといえば、まず非暴力、そして印・回融和と不可触民を思う。非暴力は生涯を通じてガンジーの思想と行動をつらぬくものである。と同時に、生涯の最後の日まで、ガンジーが終始そのことを考え、そのために奔命《ほんめい》したのは、印・回融和による一つのインド実現と、不可触民の差別廃止による平等なインド家族実現ということであった。

五本の指の第一に　ルイス＝フィッシャーの描写によると、ガンジーは演説のときに、よく左手をあげて五本の指を開き、右手の指二本で左手の指をつかんで振りながら聴衆に呼びかけた、という。

五本の指の第一にあげたのが「不可触民の平等」
第二の指は「紡ぎ車」（チャルカ）
第三は酒（アルコール）と阿片《あへん》の禁止
第四はヒンズー教徒と回教徒の融和

第五は女性の平等

そして、五本の指をかため、拳《こぶし》を握って身体におしあてると、それが非暴力。つまり、五つの徳が非暴力を通して、各人の身体を、そして、インドを解放する、ということをこれで説明した、というのである。

五本の指の第一にあげるほど、ガンジーは不可触民の問題を重要視し、早くからこれに取り組んだ。しかし、他の問題と同様不可触民についても、ガンジーは理論的な研究や、とくべつの考察をしているわけではない。「はじめに行為ありき」で、このような不合理・不道徳を廃止するため、自ら差別を撤廃し、平等な立場で交わり、平気で生活をともにすることから、ガンジーは始めた。

そのことはすでに南アフリカ時代にみられるし、インドへ帰ってからまもなく開いたアシュラムにも、喜んで不可触民を迎え入れた。このことがカストルバ夫人との喧嘩《けんか》の原因になったこともある。敬虔《けいけん》なヒンズー教徒である夫人にとっては、これまで差別の対象としてしか扱われなかったカースト外の人たちと、生活や食事をともにするだけでなく、その汚物の処理までしなければならないのが、初めは堪えられなかったのである。

しかし、ガンジーの差別廃止の信念と行動は微動だもしなかった。ガンジー夫妻は、不可触民出身の女の子をひきとり、これを養女として育てた。ガンジーがこれまでの機関紙「ヤングーインディア」を「ハリジャン」と改題したのは、一九三三年二月であった。いうまでもなく「ハリジャン」は「神の子」を意味し、この世で不当な差別と抑圧を受けている不可触民こそは、次の世には「神の子」として生まれかわることを期待し、確信して、ガンジーが不可触民に付した名称である。

そのころ、ガンジーは塩の進軍、円卓会議、そして世界恐慌と、大きな民族運動高揚の波をのりこえて、その後のいわば沈滞期に直面し、かれ自身もインド政界の第一線を退いて、ハリジャン運動に専心したいと決意を表明したほどであった。

しかし、これほど不可触民廃止のことに献身しながら、このような不正・不合理を許してきたインドのカースト制については、ガンジーは必ずしも徹底的な批判を行なわず、かえってこれを容認している。これはガンジー的な矛盾の一つであるが、同時に社会階級問題に対するガンジーの限界を示すものでもある。

カースト制について

インドの実態については、ほとんど調べたことのない人でも、「インドはカーストの国」「カーストのわずらわしい国」であることはよく聞かされている。また、インドを旅行した人たちの印象としても、ホテルの朝夕に見聞したところから、給仕から庭そうじや靴みがきにいたるまで「カーストが複雑だ。」ということが強調される。

インドでも、インド以外の国でも、カーストについて書かれた本は少なくないが、カーストの起源や実態について、真に科学的な解明を試み、十分な説得力をもったものはきわめて少ない。カーストについて社会科学的立場からの学問的な定説はない、といってもいいくらいである。

インドの古典『リグ－ベーダ』（Rig Veda）に基づくカーストの起源、つまりブラーフマンは造化の神の頭部、クシャトリアは腕、バイシアは腰、スードラは足からうまれた、というのが現実の支配・被支配をそのまま反映した一種のフィクション（擬制）であることはいうまでもない。

カーストの語源はポルトガル語のカースタ(casta)で、それは出生(breed)、人種(race)、種族(kind)を意味し、さらに語源的には「血の純潔」を意味するラテン語のカースタス(castus)にまでさかのぼる、といわれる。

ここは、むずかしいカースト論を展開する場所ではないが、このような差別の起源についても、区々まちまちである。インド－アーリアンの侵入による原住民（ドラビダ族）との皮膚《ひふ》の色の差別に基づく、とするもの、カーストが「ヒンズー教徒たることを示す最大の標識」といわれるところから、宗教上の体制によるとするもの。また、カーストの体制がそのまま職業・職分を示しているように、職業・職分によるとするもの、きわめて最近では、アーリア人種がインドへはいるより、かなり以前からあったものだ、という説もあらわれている。

カーストの起源そのものについても、このように所説まちまちであるから、いわゆる「アウト－オブ－カースト」(Out of caste)についても、したがって所説まちまちである。ただ、カースト間の差別の拡大されたものが、カーストと「アウト－オブ－カースト」、すなわち不可触民の差別であることに変わりはない。もちろん、後者は量的に、また質的に言語に絶するきびしい差別に基づくものであるが……。

カースト研究に豊富な資料と方法を提出するものとして、私が目を通したものだけでも、メイヤー『マラバールの土地と社会』(A.C. Mayer; Land and Society in Malabar, 1952)、ハットン『インドのカースト』(J. H. Hutton; Caste in India, 1946)、スリニバース『クールグ族の宗教と社会』(M.N. Srinivas; Religion and Society among the Coorgs of South India, 1952)、ダット『カーストの起源と発展』(N. K. Dutt; Origin and Growth of Caste in India.)などがある(拙著『現代インドの政治と社会』参照)。これらの所説を総合・要約して、カーストの原理の最大公約数ともいうべき共通点をあげると、次の三点である。

㈠ 再生 (reincarnation) 現状を肯定し、優越者に服従することによって、より良き来世を約束する。

㈡ 汚れ (pollution) より低いカーストの者は、より高いカーストの者より汚れており、接触することによって、かれを汚すことになる(とくに精神的・儀式的な意味で)。

㈢ 因果応報 正しく、道徳的に生きること、そうすれば正しい報いがある。

このうち、㈠と㈢は共通しているから、カーストの原理は、再生と汚れの二つに要約することもできるであろう。

ただ、前記諸説のうちスリニバースは、カーストはさらにジャティ (jati) と呼ばれるサブ-カースト (regional sub-caste) とに分かれ、この次《サブ》カーストがそれぞれの言語地域に約二、〇〇〇あることを指摘している。ともに食事をしない、婚姻《こんいん》をしないなどという差別の行なわれるのは、単にカーストの四つの段階の間でのことではなく、約二、〇〇〇を数える次カーストの段階の間でのことである。

この点を見落として、「四つのカーストの区別がある」というだけならば、日本も遠くない過去に「士・農・工・商」の四つの社会的区別をもっており、それほど驚くにあたらない。

スリニバースの説くところをさらに具体的に、社会科学的に分析しているのが、パニッカル『岐路に立つインド社会』（K. M. Panikkar; Hindu Society at Cross Road, 1955）である。パニッカルは、この次カーストが、インドのもう一つの特徴的社会組織である大家族（joint family）と結びつき、これがインド社会の岩床（bed-rock）をなしている。この岩床の破壊なしには、カーストを初めインド社会制度・社会組織の改革はありえないことを強調しているのである。

ガンジーとカースト

ガンジーは、不可触民の問題をインドおよびヒンズーイズムの汚点として激しく糾弾《きゅうだん》し、差別打破を身をもって実践しながら、このような汚点をもたらしたヒンズー社会のカースト制度については非難しないばかりか、むしろ擁護している。

ガンジーは一九二一年十月六日、「ヤングーインディア」紙上に、「ヒンズーイズム」という論文を書いた。

その論文の冒頭で、ガンジーはかれ自身りっぱなヒンズー教徒であるとする理由を六つあげ、そのなかでカーストの宗教（Varnashrama dharma）を信じる、といっている。それは普通にいわれている意味ではなく、厳密にベーダ的意味においてである、と条件をつけてはいるが……。

すぐその後で、ガンジーはヒンズー教を他の宗教から区別するものとして「牝牛保護《カウ・プロテクション》」をあげ、「牝牛保護」がいかに重大な意味をもつものであるかを力説、強調している。

それはともかくとして、牛ならぬ人間に厳然たる階級的・身分的差別をつけ、それを固守するカースト制にガンジーが反対しない理由、否、それを肯定している理由は何か。

街路上の聖牛

ガンジーは、カーストの区別を神の創造の意によるものとして、ブラーフマンは知識をもって、クシャトリアはその防衛の力をもって、バイシアは商業上の能力で、スードラは肉体の力でそれぞれ奉仕すべきものであるとしている。差別ではなく「調和」をそこに見いだそうとしているのである。したがって、「調和」のための抑制がそこに作用している、とみる。「カーストは自己抑制、保存、エネルギーの経済を意味する。」

その意味で、「婚姻と会食の禁止は、魂の急速な進化にとって本質的なものである。」といってはばからないのである。もちろん、ガンジーは、異なるカースト間の婚姻や会食の禁止をもって、自分のカーストの優越性を示すものだという考え方には反対し、もしそういう自己優越の立場で、他人との会食を拒むインド人がいたら、かれはインドの宗教をまちがって代表するものだ、とはいっている。また、肉食を避けることについても、そのこと自体に意味があるのではなく、いくら肉を食べなくても、行動で神を冒瀆《ぼうとく》していては何にもならない、といっている。

しかし、ガンジーはカーストの解体については、どこにも主張していない。しかも、この論文の最後のところでふたたび不可触民問題については、声を大にしてこれがインド社会の汚点であるとして、「牝牛を崇拝するほどの宗教が、どうしてこんな人間無視を許すことができるだろうか。」と訴えている。

カーストはいいが、不可触民はよくない。反対にいえば、不可触民の存在は許せないが、カーストは擁護すべきだ。というのは、カースト社会は、それだけで一つの「調和的」社会であり、ただ、「アウト・オブ・カースト」についての差別は認めないよう、そして「調和」のなかに受け入れるようにしよう、というきわめて限界性のある観点が、ガンジーのヒンズー観であるということになる。ここにも、ガンジー主義の一つの部厚い「壁」がある。

もっとも、ルイス＝フィッシャーは、ガンジーのカースト論には、幾変動あることをあげている。すなわち、前記一九二一年十月の論文では、ガンジーは、カーストを大いに擁護していたが、一九三二年十一月には、婚姻や会食の禁止が「ヒンズー社会を弱体化している。」と非難し、さらに晩年になると異カースト間の婚姻だけを承認し、そういう結婚式には喜んで出席する、というところまで変わってきたことを指摘している。

ハリジャン運動は、ガンジーの終生の運動であり、その人間性豊かな、平等を愛する献身的な一面を高く評価しなければならないが、それをカースト全体のなかで位置づけていけば、やはりガンジーが「階級に弱かった」一面が、ここにも露呈《ろてい》されていることを認めないわけにはいかないのである。

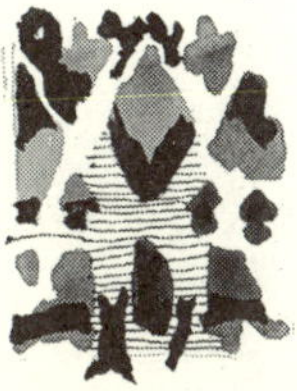

ガンジーにおける多数と少数

ガンジーは、インド農民の味方であった。そして、国民会議派をインド農村の基盤のうえにおいた。これらについてはすでに述べてきたとおりである。そして、かれ自身「生来の民主主義者である」ことを自認していた。

「わたしは、無言の民衆の心のなかに見出される神以外には、いかなる神もみとめない。」

「もし、飢えてなすことなき人民の前に、神があらわれることがあるとすれば、かれらが神として承認する唯一の形は、仕事とそれに酬《むく》いる賃金としての食物の約束である。」

こうしたことばを語る人が、民主主義者《デモクラット》でないはずはない。ガンジーは、インドの民主主義者であった。階級的な基盤からいっても、ガンジーはインドのブルジョアジーの代弁者であった。そして、個人の意義の重要さを認めていた。

しかし、民主主義者ガンジーにおける多数者と少数者の問題は、必ずしも簡単ではないし、歴史的にも現実的にも考察に値する。

聖者か政治家か

ガンジーが宗教的な聖者であるか、民族解放の政治家であるか、という問題は、早くからあったらしい。最初南アフリカでインド人苦力《クーリー》の人権擁護のための闘争指導者として登場したとき以来、これはすでに問題であった。

南アフリカ時代のガンジーについては、『自伝』と『南アフリカにおけるサティアグラハ』(Satyagraha in South Africa; 1928) のほか、ドォークの『南アフリカにおける一インド人愛国者』(J. J. Doke; An Indian Patriot in South Africa, 1909) やポラーク編『南アフリカの受動的抵抗運動』(H. S. L. Polak; Souvenir of the Passive Resistance Movement in South Africa, 1914)、その他がある。

これらのなかで、ポラークがガンジーから南アフリカで「人はわたしを政治に迷う聖者と呼ぶが、聖者たらんと全力を傾注している政治家というのが、ほんとうのところだ。」と聞かされた、ということをフィッシャーはあげている。

確かに若いころのガンジーは、そういったのであろう。しかし、「聖者たらんと全力を傾注している政治家」などというのは、いかにも泥くさいし、ぎこちない。南アフリカでのたたかいの経験をつんだガンジーは、「やがて《聖者》などということばは、現代生活から除くべきだ。」と考えるようになっていた。

それだからこそ、ガンジーは有名な「最初の審判」のときにも、自分の職業を農業兼機織業としたのである。ガンジーの生きがいとしたのは宗教ではない、民衆の現実生活である。ガンジーが、それをインド農村に見いだしたのであることもすでに述べたとおりである。

したがって、聖者か、政治家か、ということが問題なのではない。ガンジーは、いかなる意味でも、洞窟《どうくつ》や寺院のなかの聖者として、民衆を救済しようとしたのではない。インド、とくにインド農村を舞台に、政治家として民衆に奉仕しようとしたのである。

かれの修道場《アシユラム》は、寺院を模したのではなく、農業国インドの縮図であった。そのなかで祈り、紡ぎ車を回したのであった。ガンジーにとって、多数者と少数者の問題はあくまで政治家——多分に宗教的アクセサリーをもった政治家としての問題である。

会議派を多数者のものに

ガンジーは、民族主義的指導者ティラクのあとをうけて、インド民族運動を指導した。その指導の特色は、民族運動を大衆化した点にある。

ガンジーが基礎教育の普及を早くから唱え、英語に代わってそれぞれの地方語と、できればヒンズー語の普及を考えたことは、民族運動を一部少数の者から、農民を初めとして全インド民衆のものにするのに役だった。

たとえば、一九二四年会議派の全印会議で綱領・規約が問題になったとき、第一条入党規約中の「年に四アンナを納めた者は誰《だれ》でも」にするか、旧来の「一定量の紡ぎ糸を納めた者にかぎる」かについてガンジーが、糸数ヤードを固執してゆずらなかったのも、単に「紡ぎ車《チャルカ》」の運動を重視した、というだけでなく、民衆の身に近いもの、金より物を第一としたからである。そういう点では、ガンジーのカンはすばらしかった。「紡ぎ車は、死に瀕《ひん》する幾百万の男女同胞にとっては蘇生《そせい》剤である」ことを、ガンジーはよく知っていた。また、民族ブルジョアジーの出身者や、知識階級分子にとって、一日に何時間、あるいは年に数十ヤードの糸を紡ぐことは肉体労働の意義をくみとるためにも効果的であり、必要であった。

この「紡ぎ車」を会議派党旗のシンボルにすることによって、会議派は多数者のものになった。もちろん、ここにいう大衆路線が、真に階級（プロレタリアート）的な意味で大衆路線であったかどうかについては、大いに疑問がある。とくに、大衆化のためにガンジーが用いた手段や見解には、革命的・進歩的でないばかりか、むしろ反動的なものさえあった。『ガンジーおよびガンジー主義』（The Mahatma and the Ism）の批判者であるナンブーディリパードは、若干の社会的・経済的・文化的問題についてのガンジーの見解は「反動的」であったとし、ただ、この「反動的な」見解が「農民大衆と近代的、民族・民主運動のインテリ的代表者や、指導者とのあいだに橋をかけることを可能ならしめた」点を注視している。

ガンジーの「反動的な」見解が、大衆の民族・民主運動を促進するのに役だったとは、何を意味するか。

「≪反動的な≫社会観をもったガンジーが、きわめて革命的な現象――農村の貧しい人々を近代的民族・民主運動の舞台にひきだすことを助けたといえば、一見自家撞着《どうちゃく》のようにきこえるかもしれない。しかしながら、この自家撞着は、民族・民主運動が、封建制と結合したブルジョアジーによって指導された、という事実からうまれてくるわが民族の現実の政治生活における矛盾の一つのあらわれなのである。」

（前掲『ガンジー主義』二七ページ）

これにしたがえば、民族・民主運動を、封建制と結合したブルジョアジーが指導した、というインドそのものの矛盾をガンジーは体現したことになる。つまり、ガンジーの矛盾は、インドの矛盾である、といわれるのも、それであろう。

しかし、そのような矛盾のなかで、なおかつ、民族・民主運動を大衆路線にのせたことの意義は否定できない。ナンブーディリパードも認めている「理想主義」を、ガンジーは民衆のものにするため、少なくとも民衆のものに近づけるために最大の努力をはらったのである。

ブルジョアジーさえもが、封建制とたたかわず（ましてイギリスとはたたかわず）、封建制と結合（ましてイギリス権力と結合）していた時と場所で、誰に向かってもイギリスを畏《おそ》れるな、牢獄を恐れるな、イギリスに手をかすな、と叫び、それを実行したことの意義は過小に評価できない。

ただ、そこには矛盾と同時に、否、矛盾そのものからくる限界があった。ガンジーの意図と行動にかかわらず、ガンジーはたえず限界にぶつかり、そのたびに幾度となく妥協し、停滞し、後退した。したがって、ただ会議派を多数者のものにしたことによって、それでインドおよび会議派の問題が解決したことにはならなかった。

インドの大多数が、ヒンズー教徒および回教徒の貧しい農民であるとすれば、これらの貧しい農民に共通の一つのインドを実現することにも、ガンジーは成功しなかったのである。

インド独立運動史上で、文字どおり師弟の関係にあるガンジーとネルーが、ある日、散歩の途上で、会議派の問題、とくに会議派の将来について話しあった挿話が伝えられている。

少数者の会議派

それによると、ネルーが「インド独立後、会議派はその役割を終えたものとして解散すべきである。」といったのに対して、ガンジーは、「改組して、少数のとくべつに訓練された人たちのものにした方がいい。」と答えた、ということになっている。

あれほど会議派による運動の大衆化をおしすすめ、会議派組織を大衆の地盤のうえにすえたガンジーであったが、会議派の指導者として自ら権力の座にすわる気持ちは少しもなく、また、会議派の他の指導者たちが、従来の会議派的勢力のルートにのって、そのまま権力者の地位につくことにも賛成でなかったようである。

念願の「一つのインド」実現の夢が破れ、ヒンズー教徒のインドと、回教徒のパキスタンと、二つの国家が分離して誕生することが決定的となるにつれて、ガンジーは政党としての会議派に大きな失望を感じていた。もともと議会主義に多くの期待をもたなかったガンジーは、「だれもが自分の懐中に多くの票をもちたがる」みせかけの民主主義には信頼をもっていなかった。それは堕落——官僚主義や腐敗の始まりであることを、それこそインドの現実から学びとっていた。

それよりも、会議派は少数の、とくべつに訓練された人たちの組織とし、それに属する人たちは、もっぱら非暴力による社会建設の仕事に没頭する、というのがガンジーの考えなのであろう。それでは分離・独立したインドの権力機構をどうするかについての立ち入った発言はみられないが、社会奉仕の建設活動を重視する一面、ガンジーは「政権の外にいる人のみが、政権の座にある人々を抑制し、均衡を保つことができる。」という見解をもっていた。そうしたところに改組された新しい会議派と、そこにおける自分の座席を考えていたのかもしれない。

かつては多数者のものにした会議派を、今度は、少数者のものにしようとしたのである。

しかし、歴史の現実は、あのとき会議派の解散を主張したネルーが、会議派の改組もなしに、会議派を与党勢力として、他の会議派有力者たちと相互に対立をはらみながら、ともに政権の座につき、ガンジーは独立の慶祝をよそに印・回融和のために努力することになった。歴史とは、こういうものであろう。

ただ、植民地インドが、宗教を一つのモメントとして分離・独立するという現実が切迫するにつれて、晩年のガンジーには、かつての理想主義がふたたび脳裡《のうり》に復活してきたように思われる。その理想は、祖国インドの独立が、イギリス統治機構の徹底的な破壊と解体のうえにもたらされるものでなかったと同じように、「封建制と結合したブルジョアジー」の体制の徹底的な破壊と解体を目ざすものではなかった。

いわば、ガンジーは会議派が政党になりすぎたことを反省し、人々の感性に訴えることはできても、人々の理性に訴えることのできなかった自分の限界を自己批判しながら、さらに少数者の真の自己抑制による奉仕をもととして、インドの「地の塩」たろうとしたのである。

インドにおける主要政党とその勢力

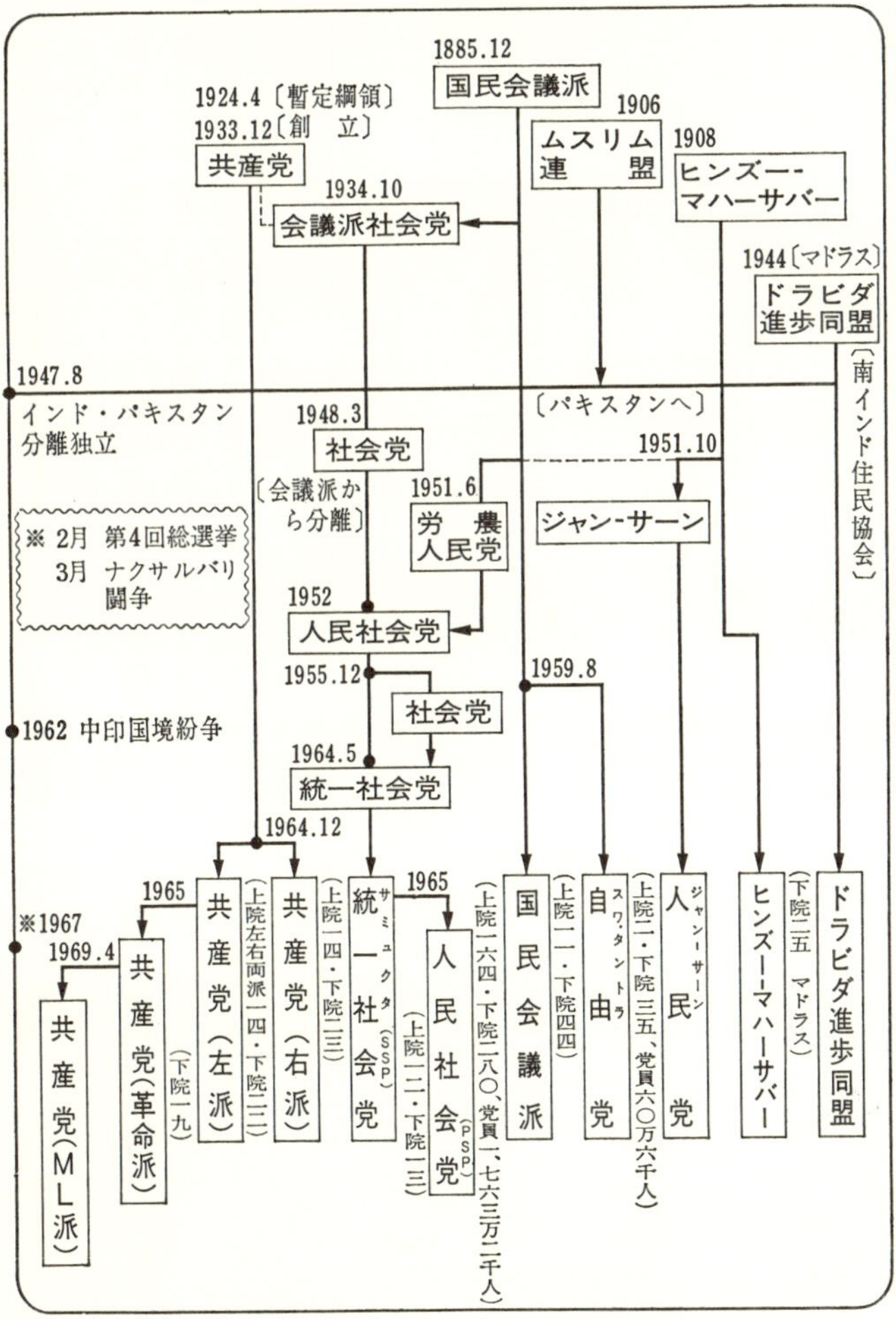

*　上下院議席数は1967.3.現在。その後若干の変動がある。

**　このほか,「全印前衛ブロック」「インド労農党」「革命社会党」,その他の諸党派がある。

***　インドの政党については中村平治著『ネルー』(清水書院)(*p. 86*)の「インドにおける諸政党の発達」, 石田保昭著『インド現代史』(亜紀書房)(*pp. 15〜20*)の「インド既成政党はどうなっているか」を参照。

しかも、この自己抑制のうえにたった理想主義さえも、国内の敵のねらうところとなった。民族・民主運動の指導者として「反動性」を批判された、その「反動性」がさらに極端な右翼国粋派のねらうところとなったのである。

非暴力主義者ガンジーは、暴力者の手で殺された。その理想主義が撃たれたのだ。それは冷酷にいえば、ガンジー自身のなかにある矛盾の自家中毒的なものでもあった。

ガンジーの生き方

——否定の道——

ガンジーの死に方は、同時に、ガンジーの生き方を示すものである。ガンジーは、ひたすら否定の道をすすみ、否定のうえに大きな理想を実現しようとした。しかも、その理想は破れ、かれ自身、その生命を否定されたのである。否定の道とは何か。

ブラフマーチャリヤ(Brahmacharya)　禁欲、性的自制で、目ざすところは神にいたる行為である。先の1生涯編のところで述べたように、ガンジーは一九〇六年、南アフリカでズールー族の反乱の時、負傷者看護のため従軍したところ、禁欲生活を思いたち、その実行にはいった。当時ガンジーも、カストルバ夫人も、ともに三十七歳である。いかに意志力の強いガンジーでも、最初からいっぺんに完全な禁欲生活にはいれたのではない。

睡眠の時の条件や、とくに食物については、植物やくだものを主にして細心に研究し、工夫して完全に性的自制を実現できたのである。古来、聖者といわれる人や、仏門にはいった人たちには、いずれも初めから禁欲生活を続けた人が多いが、ガンジーが禁欲を決意したのは、インド的習慣にしたがって、十三歳で結婚し、すでに四人の子どもの父親となり、インド人苦力《クーリー》労働者の人権擁護という、果敢《かかん》な社会運動にのりだしていたときである。

何のために禁欲生活にはいったのであろうか。当時インドの古典はもちろん、『聖書』や『コーラン』を読み、宗教的な教義から人間の物欲を制御し、できればいっさいの肉体的欲望を断つ、という信念にかられたのであろう。個人的に、そういう誓いをたてて、誓いを守り、実行する、ということの意義を述べている。誓いをたてて、それを守るということが、ガンジーの実践の方法であった。これはイギリス留学のときに、酒と女と肉を断つという、三つの誓いをたてたことにもあらわれているし、ロンドン時代から菜食生活にはいったことにもあらわれている。

しかし、南アフリカ時代からブラフマーチャリヤの生活にはいったことについては、もう一つの要因があるように思われる。それは、人に呼びかけ、人をたち上がらせ、人を指導する者は、その人自身が純潔でなければならない、という思想であり、信念である。自らの良心にこたえ、自らを純粋に保持する者のみが人に困難をおかして、たち上がることを要請できるのだ。ヨーロッパでクリスチャンが日曜日ごとに教会へ行って、祈り、ざんげし、ひとりびとりが救われるのとちがって、ガンジーは自己自身を純潔にすることによって、はじめて人とともにあり、人に呼びかけることができると信じたのではなかろうか。衆とともにある、これはガンジーの習性であると同時にアジアの習性でもある。それはガンジーから毛沢東にまでおよぶ習性の一つである。そして、このことは、またガンジーが何よりも行動の人であったこととも無縁ではない。ガンジーの人一倍強固な信念は、行動をつらぬく信念であって、単に頭のなかで考え、胸にいだいているだけのものではなかった。

信念は、行動で結晶する。その信念に不純なものがあってはならないように、そのような信念をもって人に呼びかける者は、日常生活を通じても極度に純潔でなければならない。南アフリカ時代をガンジーの人間形成の時代と私が呼ぶのは、信念と行動が統一し、結合する型が、そこではっきり打ちだされたことを重視するからである。

禁欲――これがガンジーの否定の道の第一歩であった。そして、貴重なことには、若干の迷いや誘惑にうち克《か》ちながら、ガンジーはついにそれを生涯つらぬいたのである。

断食

ガンジーにおける否定の道の第二は断食である。禁欲のため、菜食のため、食物に制限を加えることも、否定の一種であるが、ガンジーは自分自身の危機、すなわち自分の仲間たちが、非暴力やサティアグラハの道からそれて暴力にはしったときに、自己純化のざんげのために断食した。それよりもインド自身の危機、すなわちヒンズー教徒と回教徒が対立し、それが暴動化するようないわゆるコミュナル（集団対立的な）問題の勃発したとき、印・回融和のため断食した。これは死の直前まで行なわれた。

さらに、ガンジーは印・回融和の問題とともに生涯の仕事となった不可触民廃止のために、くり返し、くり返し断食した。ガンジーの生涯をつづる「断食的叙事詩」の多くの章は、この不可触民に対する差別廃止のためにささげられている。ことばではなく行動で、文章ではなく肉体で、かれは断食的叙事詩を描いたのである。

ガンジーは「わたしの断食は、たとえば、目と同じほどわたしには必要なのです。目が外の世界に対するように、断食は内なる世界に対するものです。」といっている。外に対する目、内に対する断食。ガンジーは、自分自身やインドに問題があるとき、それを自分の内なる世界へ問いかけ、その答えを求めたのであろう。ガンジーが第一次世界大戦後から、第二次世界大戦後のインド独立まで、約三分の一世紀間に戦った相手が、「第一に自己自身、第二にインド人、第三にイギリス帝国（主義）であった」とすれば、これらの戦いにおける共通の武器の一つは断食であった。このことはガンジーの断食歴（次ページ表参照）を見れば明らかである。

しかも、その過程でガンジーは、しばしば投獄された。ガンジーには、ときに特別待遇があたえられたとはいえ、熱帯の植民地での牢獄生活はきびしい。その獄中で断食を試みたことも幾度かあった。ガンジーが牢獄にはいるには「花婿が花嫁の部屋《へや》に入《はい》っていくように入れ。」といい、「自由は刑務所の壁のなかでだけ、ときには絞首台で追いもとめられるものである」といいえたのは、自己自身とたたかう理想主義的な「思想犯」であり、「政治犯」であったからであろう。

断食歴　(コミュナル問題は、印・回対立を示す)

一九一三年		(南アフリカ)	一日一食を四か月以上(訓戒のため)
一九一四年		(南アフリカ)	十四日間(訓戒のため)
一九一八年	二月	三日間	(ストライキ指導のため)
一九一九年	四月	三日間	(非暴力のためのざんげ)
一九二一年	十一月	五日間	(コミュナル問題のためのざんげ)
一九二二年	二月	五日間	(非暴力のためのざんげ)
一九二四年	九月	二十一日間	(コミュナル問題のためのざんげ)
一九二五年	十一月	七日間	(訓戒のため)
一九三二年	九月	「死にいたるまで」(実際は七日間)	不可触民分離選挙に反対して
一九三二年	十二月	二日間	(不可触民のため)
一九三三年	五月	二十一日間	(獄中)(不可触民のため)
一九三三年	八月	十五日間	(不可触民のため)
一九三四年		七日間	(不可触民のため)
一九三九年	三月	「死にいたるまで」	(サティアグラハ闘争のため)
一九四三年	二月	二十一日間	(獄中)(英・印交渉打開のため)
一九四七年	八月	(十五日)	(暴動鎮定のため)
一九四七年	九月	三日間	(コミュナル問題のため)
一九四八年	一月(十三日)	五日間	(コミュナル問題のため)

入獄歴　(懲役は判決による)

一九〇八年	一月	(南アフリカ)	二か月
一九〇八年	十月	(南アフリカ)	二か月
一九〇九年	二月	(南アフリカ)	三か月
一九一三年	十一月	(南アフリカ)	九か月(三か月)
一九二二年	三月	六年	「最初の審判」
一九二九年	罰金一ルピー		(外国製衣類を焼き)
一九三〇年	五月	裁判なし	(一九三一年一月まで)
一九三二年	一月	裁判なし	
一九三三年	八月	一年	(実際は八日)
一九四二年	八月	裁判なし	(四四年五月まで)

ガンジーの断食の記録を見ていると、断食にはいってからも、ときどき浣腸《かんちょう》していることがわかる。人間は外からの食べ物がはいっていかなくても、前からの食べかすや、内臓の自己作用で汚物を形成する。それらを洗い清めて、ひたすらに肉体の純潔化をはかり、そこに思想の営みと、信念の鍛練をはかったのが、ガンジーの断食であった。

このきわめて否定的な消極的な手段のなかには、たえず自己に問いかけるものが、自己を犠牲にして抵抗していく一種の弁証法的過程があるように思うのは、これも理想主義にすぎるであろうか。

非協力・不服従（Non-Co-operation, Dis-obedience）　ガンジーの指導による抗英運動は、イギリスに対する非協力・不服従という、いずれも「非」や「不」の否定冠詞をおびている。もともと、非暴力（Non-violence）や不殺生（Ahimsa）が、ガンジー主義の根本である。Ahimsa のAもインド語の否定冠詞であり、仏陀や、ビシュヌの弟子《でし》たちや、ジャイナ教創立者のマハービーラなどによって古くから伝えられたもので、ガンジーはこれをインド固有の真理にまで高めようとしたのであった。

不服従は、アメリカの自然哲学者ソローも提唱している。ソローは税金不納などの市民的不服従のかたちで、これを展開した。ガンジーは、南アフリカ時代に、獄中でソローの書物を読み、大いに共鳴しているが、それはすでにガンジーの胸中に一種の不服従運動の概念があって共鳴したもので、ガンジーがソローに触発されて、この発想をえたのではない。サティアグラハ（真理把持）運動が、その名称で定着するまで、ばく然と「受動的抵抗」（Passive Resistance）と呼ばれていたときから、非協力・不服従の要素はあったのである。

しかし、これが大衆的闘争《キャンペーン》として展開されたのは、主としてガンジーがインドへ帰ってからである。その間ガンジーは、五回にわたって、全国民的な規模での対英非協力・不服従、すなわち、サティアグラハ闘争を指導している。

第一回は一九一九年春、悪名高いローラット法、つまり、言論・出版・集会などの市民的自由を著しく制限した戦時立法が、そのまま戦後にも恒久化されたとき、ガンジーは第一回の全国的サティアグラハ闘争を、インドで初めて試みた。

第二回は一九二〇年八月、ガンジー自身南アフリカでの従軍の功労でイギリスからもらっていた「カイザリーヒンド」勲章を返上し、対英非協力運動を回教徒との提携のもとに展開した。

第三回は一九二九年十二月、おりから世界経済恐慌のもとで、インドの完全独立を求め、一月二十六日を「インド独立（達成の）記念日」と決めて、強力な全インド的サティアグラハ闘争を行なった。

第四回は、一九三一年十二月、ロンドンでの円卓会議に失敗してインドに帰って後、会議派公認のもとに全インド的、反英闘争が再開された。

最後の第五回は、一九四二年八月、有名な「クィットーインディア」（イギリスよ、インドから出て行け！」の決議のもとに、戦時下に全インド的闘争が決定された。しかし、このときただちにガンジー以下指導者はみな逮捕されたので、この闘争は指導者のいないままに激しい弾圧と混乱のもとに続けられた。

確かに、ガンジーのたたかいの方向は、否定的な表現をとっている。しかし、それは正に対する負《ふ》の項を示すものではなく、正に対する反の項を示すものであった。ある哲学者の説をかりていえば、この「非」や「不」は、二律背反（Antinomie）、弁証法（Dialectic）、矛盾（Contradiction）のAntiやDiaやConに当たるものである。

ガンジーには、観念的ではあるが、否定・破壊・反体制の要素がある。しかし、自己自身とのたたかいを除いて、それはインド人とのたたかいでも、イギリス帝国（主義）とのたたかいでも、最後までたたかい抜かれることがなかった。中途であまりにしばしば妥協しすぎた。ただ、自己自身とのたたかいでは、ガンジーは、この「非」や「不」の否定の道をひたすらに歩み続けた。自ら生命を断つことはしなかったが、凶弾に倒れたその壮烈な「死」には、否定の道を自らきわめた者だけにある、一種の運命的な劇的なものさえ感じられるのである。

死

ガンジーは、生涯を通じてなん回か大病をした。あるときは入獄中に重態になり、それが断食と重なったこともあれば、獄中で発病し、獄外で手術してそのまま静養にはいったこともある。こうして、幾度か生命の危機をのりこえている。また、独立運動高揚の時期の指導には、ひそかに死を決意したこともある。犠牲を恐れず、困難をのりこえて、大衆運動に挺身《ていしん》する以上、決死の覚悟は当然のことであったろう。

西洋文明と同時に、西洋医学を拒否して、もっぱら自然療法を強調したガンジーは、きびしい自己抑制の禁欲生活で、百二十五歳の長寿を保つことができると自分でいっていた。しかし、これは死の前年あたりからいわなくなり、それどころか、もっと悲観的なことばをもらすようになっていた。インドがヒンズー教徒と回教徒の二つの国に分離して独立することが、ほぼ決定的となってから、一方では、印・回融和を懸命に説いて歩きながら、他方では、印・回対立激化の惨状を目のあたりにして、失望と悲観の色をますます濃くしていったのであった。ここでは、主として晩年の生死観、というよりは死に対する態度をとりあげてみたい。そこには「毅然《きぜん》たる態度」などというものよりは、もっときびしい、凛然《りんぜん》たるものがあることに気がつくであろう。

死への挑戦

一九三九年に、日本の著名なクリスチャンで、社会活動家、また協同組合運動の指導者であった賀川豊彦氏が、ガンジーを訪問した。そのときの対談の模様が秘書のデサイによって記録され、機関紙「ハリジャン」の一九三九年一月二十一日号に掲載された。

当時、ヨーロッパには、まだ大戦が勃発《ぼっぱつ》していなかったが、一九三七年来、日本は中国に対する侵略戦争を続けていた。

ガンジーは、ストレートに賀川氏（デサイの記録ではドクター賀川となっている）から聞きたいことを質問している。

ガンジー　「日本では民衆の戦争に関する感情は、どうですか。」

賀　川　「わたしは、日本ではむしろ異端者です。わたしは自分の見解を述べるよりは、もしあなたがわたしの立場にいたら、どうされるだろうか、わたしはそれをおうかがいしたいと思います。」

ガンジー　「わたしの意見を述べるなどということは、それは出過ぎたことでしょう。」

賀　川　「いいえ、わたしはあなたがどうするだろうか、それをぜひ知りたいのです。」

こういうやりとりの後、ガンジーは次のように答えている。

ガンジー　「わたしは自分の異端をはっきり述べ、そして撃たれるでしょう。わたしは一方（の秤《はかり》の皿）に協同事業とあなたのすべての仕事をおき、他方（の秤の皿）にあなたの国の名誉をおきましょう。そして、もしあなたが名誉の方が売られていると気がつかれたなら、あなたの見解を日本に対してはっきり述べ、そうすることによって、あなたの死をとおして日本を生かしめることを望みます。しかし、このためには内面的な信念《インナー・コンビクション》が必要です。もし、わたしがあなたの立場にいたとしても、いまいったことをすべて実行できたかどうかはわかりませんが、あなたから求められたので、わたしの意見を申し上げたまでです。」

これに対して、賀川氏は、信念はそのとおりです。しかし、友人たちがそれを思いとどまるように求めている、と答えている。

これについても、ガンジーの態度は全く外交辞令ぬきである。もし、あなたの内部の友だちが、これをしろというとき、友だちのいうことを聞いてはならない。友だちというものは、どんないい友だちでも、ときどきわれわれを欺くものだ。かれらは、あなたが生きて仕事をするよう、求めるでしょう。私が牢獄へ行く決意をしたときにも、同じような訴えがあった。しかし、私は友だちのいうことを聞かなかった。その結果は、牢獄の四角い壁の中に閉じこめられて、初めて自由の光を見いだしたのである。……

ガンジーの態度は、きわめてきびしい。賀川氏には、はなはだ気の毒であるが、デサイの記録によると、賀川氏はここでこの会話を続けることを「しりごみ《シュリンク》」したようにみえる、と書いてある。そこで賀川氏は話題を一転して「インドには灌漑《かんがい》の協同事業がありますか。」とたずねているが、ガンジーはこれには簡単に答えただけで、日本の中国侵略の問題をとりあげ、ネルーからもらったというティムパーリー著『戦争とは何か、日本の中国における残虐行為』を例にあげ、どうしてこんなことを理解できるかといい、さらにあなたの国（日本）の「偉大な詩人」は、これを人道主義と中国への恩恵の戦争と呼んでいる、と不満をたたきつけている。「偉大な詩人」とは、ヨネ＝ノグチをさすことはいうまでもない。

それにしても、外来の客に対しても、正義の立場を明らかにして、撃たれよという、ガンジーの立場はきびしい。むしろ、これは死への挑戦であり、同時に不正の支配するもとでの生への挑戦である。

屈辱よりは死を選べ

ガンジーは、他人に死への決意を要請したのではない。つねに自らそのような淵《ふち》を歩いて生きてきたのだ。「行動か死か」(Do or Die!)は、戦時下の反英運動のスローガンであった。

しかも、この「行動か死か」は、インド独立を目前にしたときにも、ガンジーの脳裡《のうり》を離れなかったし、先にI生涯編の最後のところで述べたノアカーリ地方への巡礼行にしても、ガンジーにとっては、そのこと自体が「決死の業《わざ》」であった。このときほど、ガンジーが死を口にしていることはない。

ガンジーは、この巡礼行のなかで、なぜこうしてヒンズー教徒と回教徒が殺しあわねばならないのかに思い悩み、いっそすべての村でひとりの回教徒、ひとりのヒンズー教徒を選んで責任者とし、住民みんなの保護のために必要ならば、その責任者が死ぬることにしたらいい、と考えた。

この巡礼行に加わった弟子のひとりが、村にはいってからマラリアで重態になり、看護婦をおくってもらえないか、どうかを書面でガンジーに求めてきたとき、ガンジーは「部落へはいる者は、そこで生きるか、死ぬるか、という決意でいかねばならない。」と答えている。非情のようにみえるが、みんなで決死の覚悟で当たらなければ、印・回融和の事業は成し遂げることができないことを、ガンジー自身いちばんよく知っているからこそ、こう答えたのであろう。

さらに、この巡礼行で、祈りの集会のとき、いろいろな質問がだされ、婦人が襲撃された場合どうすればいいか。辱《はずか》しめを受けるか、自殺をした方がいいか、という問いに対して、ガンジーは、「わたしの生活プランのなかには、屈服という文字はない。婦人も屈服するよりは、自殺をした方がいい。」と答えている。

ノアカーリ地方への巡礼

このノアカーリ地方への巡礼行に続いて、ガンジーはビハール・パンジャブ地方への旅行を試みた。ここにもまた印・回対立の狂気と殺気が吹き荒れていた。多くの死をその目で見たのである。ガンジー自身にとっても、それは死に隣した旅であった。

それだけに、死・暗殺・自殺などということが、しばしばガンジーの口にのぼったのであろう。しかも、それは世の宗教家の説くような発想とは、全く異なる表白であった。「死をみること帰するがごとし」とか、「泰然《たいぜん》たる死」ではなく、抵抗の死であり、抗議の死であり、犠牲と殉教の死であった。「卑怯《ひきょう》者となるよりは、剣をとれ」といったのと似通った意味で、「屈辱を受けるよりは、死を選ぶ」というのが、ガンジーの信念であった。

この信念の磁性によるのであろうか、ガンジー自身も、犠牲と殉教の死へ一歩一歩と近づいていたのであった。

涙の谷間よりの脱出

一九四七年八月十五日、インドはパキスタンと分離独立した。周知のように、ガンジーはこの式典には参列しなかった。ガンジーのために用意された椅子《いす》は、空席のままであった。かれは、ひたすら印・回融和のため献身していたのである。

一九四七年十月二日、ガンジーは七十八回の誕生日を迎えた。インド内外のたくさんの人たちから祝辞がおくられた。金のあるものは金をだし、パキスタンから追われたヒンズー教徒の難民たち、インド共和国に残った少数の回教徒からも祝意が伝えられた。ガンジーにとっては、独立後初めて、そして、生涯《しょうがい》の最後の誕生日であった。

ガンジーが、これまで半ば冗談、半ば本気で、口ぐせのようにいっていた「百二十五歳まで生きる」ことを放棄したのは、この誕生日を契機としてであった。

心のなかにたたかいをもつ人は、外面的な喜びの日に、かえって心のなかの不安のいらだちを感じるものであるが、ガンジーも、意志と行動の人にはめずらしいほど弱気なことばをもらしている。

「……大衆がわたしのことばなら、何でも従った時代がありました。今のわたしの声は孤独な声です。……長生きしようとの意欲もすっかり失ってしまいました。百二十五歳はもうやめにしましょう……」

「……わたしは、すべてを抱擁する神に、野蛮人と化した人間の虐殺行為を目撃させられるよりは、この《涙の谷間》から連れだして下さるようにお助けを哀願します。……神が望まれるならば、わたしを地上に残しておかれましょうが、しばしの間でしかありません。」

（前掲　ルイス＝フィッシャー『ガンジー』四九ページ）

ここには印・回対立の嵐――というよりは、印・回対立の激しい嵐というかたちで吹き荒れたインドの矛盾のまえで、孤独を感じ、無力を味わうガンジーの弱々しい一面がむきだしになっている。死への挑戦はなく、神の手引きで、《涙の谷間》からの脱出を請い願っている。しかし、ここにいう《涙の谷間》は、ガンジー個人のことではなかった。それは直接的には一つのインドが二つに引き裂かれたことから起こった、民族の悲劇の谷間であった。

それにしても、ここでガンジーの自覚したとおり、神が地上にガンジーを残しておかれた時間は、あまりに短かった。

一九四七年十月二日の誕生日からの三か月の間に、依然としてガンジーは印・回融和、不可触民、インド新政府内部の対立問題などのために奔走した。

ラージガードのガンジーの墓

一九四八年の一月にはいってからは、印・回融和のため、十三日から五日間の最後の断食を行ない、二十日にはビルラ邸の祈禱《きとう》会に爆弾が投ぜられた。断食とテロを伴奏に、ガンジー自身の死が近づきつつあったのである。そして、その死は、死への挑戦者にふさわしい壮烈なものであり、真理への殉教者の名に値するものであった。

ガンジーは「真理の神に対する忠誠は、他のすべての忠誠にまさる」ということの意義を、その生と死を通じてインド独立運動史上に身をもってえがき、自分の鮮血でその最後のピリオドをうったのであった。

批判のための一章

——ガンジー生誕百年に——

ガンジーの生涯と思想を通じていえることは、ガンジーが「民族に強く、階級に弱い」ということである。このことは、本書の各章を通じて、実際的にまた理論的にほぼ明らかにされたと思う。

ガンジーの死後二十年、すなわち、一九六八〜一九六九年は、ガンジー生誕百年に当たり、インド内外で多くの記念事業が計画されている。このことはガンジーの長所と短所を含めて、改めてその真価を問わるべき一つの機会であるといえる。

ガンジー生前と死後、とくに死後二十年のインドの現状に照らしながら、改めて再評価を試みたい。いわばこれは、ガンジーの生涯と思想の総括であると同時に、ガンジー批判のための一章である。

インド統一の基礎は何であったか

ガンジーは、インド統一のために献身した。それはヒンズー教徒と回教徒の融和による一つのインド実現のため、最後までたたかったというだけでなく、基礎教育の普及、国語と地方語の普及、言語別による州境の制定、不可触民の廃止、会議派の地盤をインド農村におき、農民の政治的自覚を高めたこと、すべてがインド統一のためであり、それらはまたイギリスに対しての武器であった。

これでも明らかなように、ガンジーは独立のために統一を目ざし、また、独立運動の過程で統一を促進した。これはガンジーが若い日を海外のイギリス植民地（南アフリカ）で過ごし、そこにいる、差別されたすべてのインド人のために奉仕したと同時に、つねに海外から「一つの全体として」（as a whole）の祖国インドをながめる立場にあったことも強く作用している。そしてイギリスとの戦いにも、イギリスとの交渉にも、つねに「一つの全体として」のインドを代表する態度をとってきた。その限りにおいて、ガンジーは南アフリカに住んでいるアフリカ人自身の問題については、関心を示さなかった。つまり、インド人苦力《クーリー》と南アフリカ農民や労働者との連帯は問題にならなかった。これは時代の歴史的条件がそこまで到達していなかったことによるのであるが、ガンジーの理論が内面的であると同時に民族的《ナショナル》な限界をもつものであったことをそれ自身物語っている。

さて、問題は、そのインド統一の基礎がどこにあったか、ということである。ガンジーの主観的意図のいかんにかかわらず、客観的には「一つの全体として」の立場には、歴史的・社会的な一定の限界と階級的制約があった。ガンジーが不可触民の廃止を生涯の使命とし、個人的・社会的に多くの犠牲をはらって、これに献身したことについては、先に述べてきた。しかしその一方では、ガンジーは、カースト制そのものに反対しなかったし、ましてその破壊や解体を考えず、これを弁護さえした。不当に抑圧された「カースト」外の大衆の圧力で、カースト制そのものをゆさぶることをしなかったのである。いってみれば、ガンジーによるインド統一の基礎は、インド-ブルジョアジーであった。それではブルジョアジーという一つの階級的地盤にたちながら、それが「一つの全体として」のインドを代表するかにみえたのはなぜであるか。

インドのすぐれた数学者・科学者で、歴史家でもあったコーサンビー教授は、有名な『インド古代史』の最初の部分で、インドの明りょうな多様性にもかかわらず、そこには「二重の統一性」があり、それはインドのブルジョア階級に由来《ゆらい》する共通の特徴に基づくものであることを指摘している。教授によれば、インド-ブルジョアジーは、次の二つないし三つの階層にわかれる。

(1) 真の資本家ブルジョアジー

財政と機械制工場生産をにぎっている。

(2) 商店主らのプチ-ブルジョアジー

生産物の分配を主として支配し、その数はきわめて多い。

(3) 農　民

圧倒的に零細な土地で食料生産を行なっており、租税の納入や工場製織物の購入のために現金を支払う必要から、不承不承プチ-ブルジョアジーのやや遅れた一翼にされている。通常の農業余剰物も、仲買人や金貸しの手ににぎられ、かれらは一般に大ブルジョアジーに上昇できず、また、金貸しと富農との

あいだの区分がはっきりしない。（山崎利男訳『インド古代史』三ページ）

コーサンビー教授は、「政治の舞台では、この二階層のブルジョアジーが全面的に支配しており、立法機関と行政機関とを結ぶ輪としての専門家（法律家など）と事務労働者の階級が、これに結びついている。」と分析している。

ガンジーのインド統一、独立運動の基盤も、本質的にはこのインド－ブルジョアジー、つまり真の資本家から零細農民を含むプチ－ブルジョアジーであり、これにほとんどが、農業労働者である不可触民が加わったものであった。それで、いっそうインドの底辺にいたるまでのすべてを代表するかのようにみえたのである。

しかし、イギリス製品のボイコット、国産品愛用でいちばんよろこんだのは、インド－ブルジョアジーであった。貧しい農民やプロレタリアートには、外国製品など初めから問題でなかった。ただ、全インド的な民族運動と民族感情の高揚のなかで、かれら自身の意識が高められ、日ごろの窮乏生活の不満の吐《は》け口が見つかったのである。事実、ガンジーと、かれの運動のスポンサーであり、資金と住居の提供者であった真の資本家ブルジョアジー、ビルラとガンジーが知り会い、結びついたのは、一九二〇年、スワデーシ運動開始のときであった。

インド的に貧困で、大ブルジョアジーになることは、ほとんど絶望的であったインドの農民を統一と独立のたたかいの主体としたことは、ガンジーの大きな貢献であり、それがインド独立運動史上に決定的な役割を果たさせたのであるが、はじめガンジー指導下のケララ会議派にはいり、会議派社会党を経てインド共産党（左派）の指導者となったナンブーディリパード（現在のケララ州首相）も批判しているように、そこにガンジーの妥協や後退の一面があったことも否定できない。

非暴力は何をなしえたか

ガンジーの個人的に純潔な生活や犠牲と奉仕にもかかわらず、重大な政治的時機に、しばしばかれがイギリスとの妥協、つまりインド総督との取り引きによって、たたかいに大きな混乱と停滞をもたらしたことは、ガンジー側近の人たちからも、しばしば批判された。

それでは、その批判者たちが、徹底した革命家であったか、どうかについては、これまた問題が多い。ときに、ガンジーあるいはガンジー的方法の批判者が、ガンジー以上の取り引きや妥協に走り、転向者になった例も少なくないからである。

それはともかく、このような、いわばガンジーとガンジー主義のマイナス面が、その主要な方法論、否、方法論という以上に、ガンジー主義のすべて（ガンジー主義－非暴力＝0を想起せよ）であった非暴力主義とかたく結びついたものであることも忘れてはならない。

もちろん、ガンジーにおける非暴力主義が、ただ単に暴力と対立するだけのものでないことは、先にも述べた。幾たびか重要なときに、かれは非暴力以上のものとして、力の教義、剣の教義を認めている。

しかし、それは例外的である。ガンジーが手段を目的以上に重要視し、したがって、単なる手段としてではなく目的としての非暴力を説き、平和という目的には平和という手段が必要であることを強調したのは、周知のとおりである。非暴力をトルストイの無抵抗主義あるいは受動的抵抗以上のものであるとして、とくにインド的呼称「サティアグラハ」(真理把持)の名で呼んだことにも、ガンジーの非暴力主義に対する信念と傾倒のほどがうかがわれる。

多分に限定的なものではあるが、インド-ブルジョアジーのもつ革新性・進歩性を主力として、イギリスの植民地主義・イギリス帝国主義とたたかい、イギリスをインドから追い出すためには、いかなる「インド的なもの」も力になり、武器になった。その限りで、非暴力も含めてある程度それらはみな有効であった。これは正当に評価されねばならない。しかし、それらは必ずしもインド自身の問題の根本的な解決のためには、有効でないどころか、有害でさえあった。

とくに、ここでインド社会の特殊性を考慮する必要がある。インドは中国と並んで文化の最も古い発祥地の一つでありながら、マルクスの指摘したようなイギリス資本と機械の破壊力の洗礼を受けつつ、イギリスの植民地となった。そこでは、見るも無惨な歴史的な破壊の過程がみられたが、一方では歴史の古い残存物もないではなかった。

インドでは、「多くの形態の諸社会階層のなかに、過去のきわめてさまざまな段階を再構成できるような残存がみられる」ことは、前記コーサンビー教授の指摘しているところである。教授はこれを、最近まで歴史家が利用しなかった、一つの大きな利点であるとさえいっている。単に「さまざまな段階」を示すだけでなく、これまた先にカーストのところで紹介した『岐路に立つインド社会』の著者パニッカルのように、いっさいのインドの文物制度のよってたつ岩床《ベッド・ロック》として大家族《ジョイント・ファミリー》およびこれと離れがたく結びついたサブ-カーストをあげる学者もある。

非暴力の思想も、そのような形で、つまり段階的にあるいは岩床として見いだされる古いインド的なものである。それはインド的である限りにおいて、イギリスと対立するものであり、イギリスとの角逐に役だつものであった。牝牛の崇拝までがそうである。幼児結婚さえが、それに干渉することへの反対を契機として、反英に役だった。それはガンジーの先輩に当たるティラクによって実証されたところであった。

思想的には非暴力、生活の武器としては「紡ぎ車」、ガンジーはこれに依拠し、これを活用した。それはインドのすみずみに残っていたものであるだけに、全インドを代表するのに役だったし、根底からの統一の象徴にもなりえた。もっとも「紡ぎ車」は一九二〇年代のインドにさえ、それはよほどの田舎《いなか》でなくては見いだされず、初めは婦人たちの努力でよせ集めて拠出され、のちには拠金によってこれをつくって普及されねばならなかったほどである。

非暴力は支配者イギリスの植民地権力に対置するものとして、「紡ぎ車」はこれまたイギリス資本の巨大機械に対立するものとして、一介の貧しい無知な人々が民族感情を託するにふさわしいものであった。魔法の老婆が、子どもたちの一隊を引き連れて行くかのように、ガンジーが民衆を指導しえたのはそのためである。

それは外部の敵であるイギリスを倒し、これと競う意味での内部の声、内部の武器として役だったが、根本的にインド自身を救うものとはならなかった。ガンジーの決死的な巡礼行にも、また、たび重なる断食にもかかわらず、分離独立にあたって非暴力思想は、怒りに狂ったヒンズー教徒と回教徒のいずれをも鎮静することができなかった。

ガンジーは自らの信念、誓いをたてることで意志的に行動した人であり、そのような信念と誓いの象徴を必要とした。また、その純潔な、犠牲的な、奉仕的な生活は象徴の効果を大いに高めた。象徴は大衆の行動のなかで、さらにその真価を発揮するのだからである。

しかし、そこに自ら限度があったことは、統一の基礎としてのブルジョアジーの立場と同様である。古いものの徹底的な解体でなく、復活、それも多分に神聖な象徴的な意味での復活には、零細な、現実的な裏付け――手紡ぎによる現金収入――があったにせよ、やはり多くの制限があり、しばしば反動的な要素がはいり込む余地さえあった。

非暴力の名において、大衆の革命的行動がしばしば抑圧されたのは、そのためである。

会議派は何をしたか

インド独立運動の推進力であったインド国民会議（派）の創立は、一八八五年（明治十八年）で、ガンジー十六歳のときであるから、もちろん、ガンジーは創立に関与してはいない。ただ、一八九四年五月に、南アフリカでナタール－インド国民会議派を組織している。

南アフリカからインドへ帰って以後、ガンジーの対英非協力・不服従の運動は、主として会議派を足場にして行なわれた。会議派がばく然たる会議組織から、政党的《パーティー》なものになったのは、一八九〇年代ごろからであるが、その間ゴーカレーなどの穏健派とティラクなどの急進派との対立や分離・結合があり、ガンジーが指導の先頭にたったのは、第一次世界大戦後、一九二〇年ころからである。

会議派は、政党的といっても、単に民族主義政党というだけでなく、前記のインド-ブルジョアジーを主体とする一種の統一戦線的な性格をおびたものであった。一九二〇年代にも、このなかにイギリスとの協議や会議を重視する立憲派と非立憲派の対立があった。また、一九三〇年代の初めに会議派社会党ができ、これには共産党員も出入りし、また、それと対抗的に会議派国民党が結成されるといったことは、会議派がブルジョアジーを主体としながら、しかも、各党・各派勢力に結成さるべきものの統一戦線でもある、という性格から生じたことであろう。

事実、会議派と革命的労働組合との提携・協力が、ネルーの指導下に実現したこともあった。したがって、これを純然たる政党とみることは、必ずしも正当ではない。

いずれにせよガンジーは、事実上、会議派の最大の指導者であり、イギリスとの闘争も、妥協も、会議派を武器とし、舞台として行なわれた。しかし、一九二〇年代から、ガンジーはネルーの父モーティラール＝ネルーなどの一時提唱した立憲主義、つまり立法参事会に多数の代表をおくりこむことによって、自治や独立達成の手段とする考え方にはほとんど一貫して同調しなかった。これは先にも指摘したとおりである。

独立運動における会議派の功罪には、ガンジーも、その重大な責任がある。しかし、これも先に述べたように、インド独立以後の会議派の進路については、ガンジーとネルーとの間に意見の相違があった。インド独立後の会議派のあり方について、ネルーは解散を主張し、ガンジーは少数者訓練の場所とし、これらの少数者が議会勢力を指導すればいい、と考えたのである。

ともかく、インド独立――それもイギリス労働党によって、インドの独立が認められる、という政治的過程を通じての独立を機会に、従来の会議派が何らの自己変革なしに、そっくりそのまま政府与党となってからは、ますますガンジー的なものからそれていった。

このことは、一九四九年三月四日、ネルー首相が、有名な「一種の中道」(a some middle way) 政策をうちだした、インド商工会議連盟第二十二回総会での演説の前半で、告白的に述べているとおりである。

「政治的には、われわれはガンジーの教養のもとに生まれ、育ってきた。われわれは非暴力という点でも、経済の点でも、完全にはガンジーの見地を実行しなかった。しかし、われわれはそれらの多くをインドにふさわしいものとして心からうけいれた……。」

「われわれはガンジーのことを語りつつ、一歩毎《ごと》にかれに偽ってきた。これは非常に苦しい思いであった。しかし、この国の現実が、われわれに特殊な方法をとらしめるのである。

われわれは、自分の知恵にしたがって、つねにガンジーがわれわれにあたえてくれた使命の正当さと真実にそむかないよう行動したが、同時にまたわれわれがやむをえない、と考えたことを行なっている。この問題は形をかえてくり返しくり返しでてくるであろう……。」（拙著『ネルー』日本出版協同K・K 一八二ページ）インド独立後に、独立インドの政策、つまりネルーの時代にネルーの政策があらわれるのは当然である。ネルー首相のいうとおり、その際「一歩毎にガンジーに偽わる」ことも、ガンジーおよびガンジー主義のマイナス面に関するかぎりは、やむをえないどころか、当然のことである。

だが、事実はどうであろうか。

ナクサルバリの烽火《ほうか》 たとえば、独立インドの会議派政府が、インド民衆、とくにその大部分を占める農民のために、第一に着手すべき問題として、土地改革の問題があった。働く農民に土地を与えること、これは植民地インドを支配した——そして、独立後も経済的に支配していた——イギリス帝国主義とかたく結びついたインド封建制を打破し、民主化インドを実現するためにも、即刻実施されねばならないことであった。

これは独立直前に、ノアカーリ地方を巡礼行したとき、土地の農民からの質問に答えて、理想としてはガンジーも承認していた。少なくとも実際的には「地主の取り分を減らすための運動」を認めていた。独立後の新しいインド建設のエネルギーは、この土地改革からわきでるのである。このことは、当時（一九四六〜一九五四年）ベトミン（ベトナム独立同盟）が、フランスの再侵略に対する抵抗の勝利の過程で、「土地を農民へ！」を実行して証明していたことであり、その後に南ベトナム解放民族戦線が、アメリカの侵略に抵抗し、これまた勝利への過程で「解放区の建設」を通じて実証しているところである。南ベトナム共和国臨時革命政府樹立の決議（一九六九年六月）も、このことを強調している。

ところが、会議派政府は、わずかにイギリス統治以来の不在大地主制度であるザミンダール制を廃止しただけで、「土地を働く農民へ」の土地改革を実行しなかった。もっと悪いことには、土地保有の制限や土地改革を州立法で、紙のうえでは承認しながら、実際には何一つ実行しなかった。

ネルー首相は「新しい動力の源は、工業と同様、われわれの農業をも完全に革命するであろう。」といいながら、農業革命、すなわち、土地改革がインド工業化の原動力の一つであり、その地ならしとなるものであることを気づかなかったか、気づいても実行しなかった。「ガンジーの教養のもとに生まれ、育って」いま会議派の中央・地方の指導者となった人たち、閣僚の革椅子《かわいす》にすわった人たちも、これを無視してガンジーの精神からそれていった。

その結果、相つぐ五か年計画を通じて農業と工業との間の不均衡《アンバランス》を生じ、食糧飢饉《ききん》で外国からの援助にたよらねばならず、ガンジーならぬネルー首相の原則であった中立からも逸脱していった。近隣の中国・パキスタンとは交戦し、その結果ますます外国依存となり、余剰農産物の輸入でインド農業は衰微し、食糧不足は慢性的となる、という悪循環のさなかにインドはおかれている。四度にわたる選挙、とくに一九六七年の選挙後の政情に対する会議派政府による非民主的措置は、論外である。

少なくとも、この悪循環を断ち切るのは、土地改革を実施することだ。今からでもおそくはない。ネルー

↓シャストリ↓インディラと三代続いた政権で、そのうちのどれ一つも土地改革に手をつけなければ、農民自身が別のかたちで手をつけるであろう。

はたして、一九六七年三月、インド西ベンガル州の北部、ダージリン県に農民武装闘争の烽火があがった。面積六九〇平方キロ、人口八万を擁するナクサルバリ・ハリバリ・パンシデワの三村で農民が蜂起したのである。指導者三人のうち二人は、サンタール姓であった。サンタールは山野の開墾《かいこん》や農耕に従事してきた特殊のカーストを示す名で、かつてはサンタール一揆《いっき》を起こしたこともある。不可触民ではないが、インドの最底辺から、エネルギーが爆発したのである。中国では、これを「インドの春雷」と呼んだ。

一応、この「春雷」は鎮圧されたが、ナクサルバリと同じ矛盾が、全インドのすみずみに存在するかぎり、ガンの転移と同様、これは無視できない影響力をもっている。現に、ベンガル・ケララ・アンドラその他で同種の闘争が伝えられている。

最大・最良の課題

ガンジーの非暴力とはまさに対蹠《たいしょ》的な暴力革命に、ガンジー主義を認めることは不可能であり、むしろ、暴力主義を否定するところにガンジーおよびガンジー主義は位置してきた。

しかし、ガンジーがあまりにもインド的・古代的な方法によりながら、そして、多くの挫折《ざせつ》や停滞や混乱をともないながら、しかも、インド独立に少なからず貢献したことは否定できない。もし、これを否定してしまえば、汚水とともに赤ん坊を流してしまうことになるであろう。

「刀を抽《ぬ》いて水を断《た》てば水さらに流る」は李白の詩句である。歴史は流れてやまず、ガンジーがインドーブルジョアジーに依拠してたたかった非暴力による独立達成には、まだまだ多くのし残した部分がある。私があえて「ガンジーは民族に強く、階級に弱い」という理由である。

しかも、いまこのガンジーの最も弱かった部分に、新しい力強い変動が生じているのである。いまも、「風は村から吹いて」きている。初めは微風にすぎないが、やがて村から都市へ向かってくるこの風圧を正視する必要がある。工業化や資金援助などという、外面的なはなやかなところではなく、依然としてインドは、そのかくれた基底部で動きつつある。

ガンジーを批判する者は、このインドの現状に照らしつつ、ガンジーをのりこえていくであろう。ただ、その際非暴力に暴力を機械的に対置し、教条主義的に、それこそ「暴力」的にこれを抹殺《まっさつ》するのでなく、非暴力に内蔵され、そこでゆがめられたエネルギーが、暴力のかたちに転化する過程に精緻な分析と正しい洞察を加えることが必要である。

ガンジーをのりこえるためにも、人と思想の面からガンジーに接近し、対決し、評価する必要がある。ガンジー自身孤立して生きてきたのではない。南アフリカ時代の十七、八歳の少年ナラヤナス、十七歳の少女バリアンマ、そして、インドに帰ってからUP（連合）州の七十五歳の老人ハルバウト＝シングなど、後年、ガンジーが名をあげて回想している人たちも少なくない。

ひとりのガンジーの周辺にも、老若の犠牲の生と死が累々と重なり、ひしめいている。家庭的にはガンジー自身必ずしも幸福でなかった。そしてガンジー自身、その壮烈な死で、その犠牲の数のなかにはいったのである。犯人は右翼国粋主義組織に属する青年V・Nゴードセーであった。

ガンジーを批判する者は、ガンジーその人よりも、ガンジーが奉仕しようとした民衆に、いかに正しく、より強く奉仕できるかという点で、ガンジーと対決する必要がある。これこそが、その特異な方法によってではあるが、「すべてのインド人の目から涙をぬぐう」という悲願にもえて倒れた人の生と死から、われわれが学びとるべき最良のものであり、課題としても最大のものであろう。

ガンジー年譜

西暦	年齢	年譜	背景をなす社会的事件、ならびに参考事項
一八六九年		十月二日、父カラムチャンド、母パトリバイの末子として、インド、グジャラート州ポルバンダールに生まれる	日本、東京に遷都
一八七六	七歳	ラージコートの小学校に入学	バルカン大動乱
一八八一	一二	ラージコートの高等学校に入学。喫煙の風をおぼえる	ロシア、アレクサンダー二世暗殺
一八八二	一三	十三歳で同齢のカストルバ（商人の娘）と結婚	
一八八五	一六	父死去（六十三歳）。最初の子ども、生後三、四日で死亡	第一回インド国民会議開催（国民会議派創立）
一八八七	一八	バーヴナガール（カチャワード）のサマルダス大学へ入学したが、あまりむずかしく一学期でやめる	イギリス、第一次植民地会議開催
一八八八	一九	最初の男子（ハーリラール）誕生 九月、ボンベイから出港、法学勉強のためイギリスへ留学。ロンドンの「インナー-テムプル」法学院入学	イギリス、北ボルネオを保護領とする
一八八九	二〇	菜食主義に興味をもち、インド古典を読む	
一八九一	二二	夏、弁護士の資格をえて、インドへ帰国	露仏同盟成立
一八九三	二四	四月、インド人商社の顧問弁護士として南アフリカへ渡	接神論者アーニー＝ベサント夫人、インド

		る。インド人に対する差別を初めて体験	で神智協会設立
一八九四	二五	顧問弁護士の仕事を終えて帰印の準備をしたが、懇請されて南アフリカにとどまり、公共のため活動しながら弁護士として生業をたてる。南アフリカ参事会に対して、インド人の選挙権制限に反対して提出する、最初の嘆願書起草。五月、ナタール-インド国民会議を組織	日清戦争（～一八九五）おこる
一八九六	二七	妻と二人の子どもをナタールへ連れてくるため六か月の予定で帰印。十二月、家族とともに南アフリカへたつ	
一八九七	二八	一月十三日、ダーバン上陸の際、インドで南アフリカ問題について書いたものへのヨーロッパ人の反感から、暴徒に襲撃される。ナタールのインド人選挙権闘争勝利	ロンドンで第三回植民地会議
一八九九	三〇	ボーア戦争（～一九〇二）に、インド人野戦衛生隊を組織して参加	カーゾン卿インド総督に就任（～一九〇五）
一九〇一	三二	「インド人社会に必要が生じたときは、いつでも南アフリカへもどる」ことを条件に家族とともに帰印。一九〇二年へかけて、インド各地を旅行。カルカッタで国民会議派大会へ出席。ボンベイで弁護士開業。ゴーカレーと一か月生活をともにする	ノーベル賞第一回授与
一九〇二	三三	十二月、インド人社会からの至急の招請で南アフリカへもどる	日英同盟締結
一九〇三	三四	夏、ヨハネスバーグで弁護士開業。南アフリカ各地でイ	

		ンド人に対する差別政策強まる	
一九〇四年	三五歳	週刊「インディアン＝オピニオン」創刊。ラスキンの『この後の者に』を読み、ダーバンの近くにフェニックス農園をつくる	日露戦争（〜一九〇五）起こる カーゾン総督のベンガル分割（一九〇五）
一九〇六	三七	ズールー族の「反乱」（〜一九〇六）にインド人衛生隊を組織。生涯禁欲（ブラフマーチャリヤ）の誓いをたてる。九月、インド人のトランスバールへの移民を禁止するアジア条令提案に反対して、ヨハネスバーグで集会をひらき、最初のサティアグラハ闘争を展開。十月、インド人問題を植民省へ陳情のためロンドンへ行き、十二月南アフリカへもどる	全インド＝ムスリム連盟結成
一九〇七	三八	一月、アジア人の強制登録（暗黒条令）に反対してサティアグラハ闘争を組織。十月、逮捕	国民会議派分裂
一九〇八	三九	一月、サティアグラハ闘争で裁判にかかり、ヨハネスバーグ刑務所で二か月の懲役（最初の懲役）。同、プレトリアでスマッツ将軍と会談、妥協が成立して釈放。二月、スマッツ将軍との妥協を理由に、インド人過激分子ミル＝アラームに襲撃され負傷。八月、スマッツ将軍の違約後、登録法廃棄を目ざして第二回サティアグラハ闘	

		争開始。登録証明書を持っていないことを理由に逮捕され、フォークスルスト刑務所で二か月の懲役。獄中でソローを読む	
一九〇九	四〇	二月、フォークスルストとプレトリア刑務所で三か月の懲役をいいわたされる。六月、インド人問題陳情のため渡英。十一月、南アフリカへの帰国の船中で『ヒンズースワラージ』（グジェラート語）を書く	インド参事会法（モーリーミントー改革）成立
一九一〇	四一	ドイツ人カレンバッハの援助で、ヨハネスバーグ近くにトルストイ農園をつくる	幸徳秋水らの「大逆事件」
一九一三	四四	フェニックス農園の二人のメンバーの道徳的腐敗を償うため、ざんげの断食（一日一食を四か月以上）。九月、キリスト教の儀式によらない結婚の合法性を認めない条令に反対する闘争に協力。カストルバ夫人その他の婦人も無許可でトランスバールへ越境したことを理由に逮捕。十一月、二、〇〇〇人のインド人鉱夫がニューカッスルからトランスバールを越えてナタールへ「大行進」するのを指導して、第三回サティアグラハ闘争を開始。パームフォード・スタンダートン・ティークワースで四日のうちに三度逮捕され、ダンディーで九か月の懲役をい	タゴール、アジア人として最初のノーベル文学賞を受ける

		いわたされる。続いてフォークスルストの第二回目の裁判で、かれのヨーロッパ人協力者ポラークやカレンバッハとともに三か月の懲役。フォークスルストに数日いて、オレンジ自由州のブレームフォンタインへ移さる。十二月、妥協交渉のため無条件釈放。インドからC・F・アンドリューズ、W・W・ピアーソンが来援	
一九一四年	四五歳	一月、フェニックス農園の仲間の道徳的堕落の償いに十四日間の断食。一月、スマッツ・アンドリューズとガンジーの間の協定不調のため、サティアグラハ闘争延期、結局インド人救済法通過。七月、ケープタウンからロンドンへ、カストルバ・カレンバッハ同行。第一次世界大戦勃発のときにロンドン着。イギリスでインド人衛生部隊を組織したが、肋膜炎のためやむなくインドへ帰る	第一次世界大戦勃発
一九一五	四六	旅行者の苦痛のたねであったブラムガムの通行税廃止に成功。インドで最初のサティアグラハ闘争開始。五月、アフマダーバード近くのコチラブにサティアグラハ−アシュラム設立。不可触民の家族を収容（一九一七年にアシュラムをサバルマティ河岸に移す）	ゴーカレー死す
一九一六	四七	二月、ベナーレスのヒンズー大学開校式で演説	会議派、穏健派と急進派に再分裂

一九一七	四八	チャンパラン（ビハール州）の藍《あい》プランテーションにおける小作民の権利を守るサティアグラハ闘争に成功。四月、チャンパラン退去命令を拒否してモティハリで逮捕、裁判にかけられたが事件とならず。マハデブ＝デサイ、プラサドら、チャンパランでガンジーのもとに参加	ロシア大革命
一九一八	四九	二月、アフマダーバードで繊維工場ストライキを指導。三日の断食（インドで第一回の断食）の後、工場主が調停に応じ勝利。三月、ケダー農民のためサティアグラハ闘争。デリーで総督の戦争会議に出席、インド人募兵を支持。募兵活動を始めたが、病に倒れ、危篤状態になる。回復期に山羊の乳を飲むことと手紡ぎを実行	日本、シベリア出兵
一九一九	五〇	春、治安維持のため市民的自由を剝奪したローラット法成立。第一回の全インド的サティアグラハ闘争を計画。四月、ローラット法に反対して全国的ハルタール（罷市）。同、パンジャブへ向かう途中デリーで逮捕、ボンベイへ護送されたが、裁判とならず。同、暴力への償いのためサバルマティで三日間の断食。民衆の訓練が不十分で、ガンジーのいう「ヒマラヤの誤算」のため、サティアグラハ闘争を延期。英文「ヤング－インディア」グジャ	アムリツァール大虐殺事件

		ラート語「ナバジヴァン」の週刊紙刊行。十月、五か月間の拒否の後、パンジャブ（アムリツァール）の四月事件の現地調査を許可さる。モーティラル＝ネルーと密接に協力。パンジャブの多数村落における暴動事情を調査。スワデーシ（国産品愛用）運動開始	
一九二〇年	五一歳	四月、全インド自治連盟総裁に選ばれる。六月、アラハバードの回教徒会議、ならびにカルカッタ（九月）、ナグプール（十二月）の会議派大会で対英非協力のサティアグラハ闘争の決議採択。八月、イギリスからもらったカイザリーヒンド勲章を返還し、第一回の全インド的サティアグラハ闘争開始。ビルラと知る	ティラク死す
一九二一	五二	ボンベイで最初の手製木綿衣（カディー）販売店ひらく。八月、ボンベイで外国製衣類を焼く。九月、シャツならびに帽子をかぶることをやめ、手製木綿と単純生活を愛好して、ただインド風の腰衣だけを着用する。十一月、プリンス＝オブ＝ウェールズ（のちのエドワード八世、ウィンザー公）の来印をハルタールで迎える。宗派的な暴動のためボンベイで五日間の断食。十二月、獄中で数千の人たちと大衆的市民不服従。会議派を主宰する	中国共産党創立

一九二二	五三	二月、チャウリーチャウラでの暴動のため、大衆的不服従を中止、バルドリで償いのため五日間の断食。三月、「ヤング－インディア」の扇動論文のため、サバルマティで逮捕。アフマダーバードでの「最初の審判」で、ブルームフィールド判事を前に無罪か重刑かを要求。六か年の懲役でイエラブダー刑務所へ	エジプト独立を宣言
一九二三	五四	獄中で『南アフリカにおけるサティアグラハ』と自伝の一部を書く	スワラージ党結成
一九二四	五五	一月、盲腸炎手術。二月に無条件釈放。九月、ヒンズー教徒と回教徒の宗派的暴動、とくにコハートでの暴動の償いのため、デリーに近いモハメッド＝アリの家で二十一日間の大断食。十二月、ベルガウムで会議派大会の議長	レーニン死す
一九二五	五六	十一月、アシュラムの仲間の不正行為のため、サバルマティで七日間の断食。十二月、カウンポールの会議派大会で、一年間の政治的沈黙と不活動を声明	全印手紡ぎ協会結成
一九二七	五八	サルダル＝パテル指導のもとに、バルドリで税金不納サティアグラハ闘争開始	
一九二八	五九	サイモン－ゴー－バック運動展開。十二月、カルカッタの会議派大会で、一年以内の完全独立、もしそれが実現し	モーティラル＝ネルーの憲法草案採択

		なければ全インド的サティアグラハ闘争開始という折衷的決議提唱	
一九二九年	六〇歳	三月、カルカッタで外国製衣類を焼いて逮捕、一ルピーの罰金。十二月、ラホールの会議派大会で完全独立、立法参事会ボイコットを宣言、一月二十六日を独立記念日に決定。第三次全インド－サティアグラハ闘争始まる	世界大恐慌始まる
一九三〇	六一	一月三十日、不服従十一か条声明。三月十二日、サバルマティから七十九人の同志を率いて、ダンディまで二〇〇マイルの「塩の進軍」開始。四月六日、海浜で塩を集め、塩の法律破り。五月、カラディで武装警官により逮捕、裁判なしにイエラブダー刑務所へ投獄。数万人が逮捕され、十二月の会議派大会は指導者不在でひらかれず	第一次円卓会議開催
一九三一	六二	一月、三十人の指導者とともに無条件釈放。三月、ガンジー－アーウィン（総督）協定で政治休戦成立。市民不服従中止。八月、デサイ・ナイドゥ・ミラなどを伴って第二回円卓会議出席のためロンドンへ。そこでC・F・アンドリューズに会う。秋（九～十二月）、ロンドンのスラム街にあるキングスレー－ホールに滞在、アメリカへの放送、大学訪問、各界名士との会見、円卓会議出席	満州事変勃発

		など多忙をきわめる。十二月、スイスに向かい、ロマン=ロラン邸に滞在、イタリアでムッソリーニと会う。同、インド帰国、会議派の承認のもとに第四回の全国的サティアグラハ闘争を準備	
一九三二	六三	一月、ボンベイでサルダル=パテルとともに逮捕、裁判もなくイエラブダー刑務所へ。九月（二十日）、イギリスが不可触民に分離選挙を行なったことに抗議して、獄中で「死にいたる断食」。同（二十六日）、イギリスが「イエラブダー協定」を認めた後、タゴールの前で歴史的な獄中の叙事詩的断食を終わる。十二月、同獄のアパサヘブ=パトワルダーンが始めた不可触民反対の断食に同調、二日で終わる	上海事変勃発
一九三三	六四	「ヤング-インディア」を「ハリジャン」と改称。五月（八日）、不可触民に反対して、自己純化のため二十一日間の断食開始。第一日めに獄中から釈放。プーナで二十一日間の断食完了。七月、サバルマティ-アシュラム解散、不可触民向上のためのセンターとする。八月、アシュラムの三十四人の同志とともに逮捕され、四日間イエラブダーに投獄。イエラブダーからプーナへの移住を拒	インド共産党（中央センター）創立

		否、イエラブダーで一年の懲役をいいわたされる。同十六日、獄中で不可触民反対の活動を行なうことを認められなかったことに抗議して断食、五日めにサッスーン病院に移される。容態悪化、八日めに無条件釈放。十一月、不可触民廃止運動のためインド各州を十か月の旅行。十一月、カストルバ逮捕	
一九三四年	六五歳	五月、会議派議長を辞し、引退を声明。七月、不可触民反対運動に反対する人たちの頑迷《がんめい》さに抗議して、ワルダーアシュラムで七日間の断食。十月、全インド村落工業協会設立	会議派社会党結成
一九三五	六六	健康すぐれず、ボンベイで静養	インド統治法公布
一九三六	六七	中央州ワルダ近くのシーガォンに居住を決定（一九四〇年にセバグラムと改称、アシュラムとなった）	
一九三七	六八	不可触民向上のためトラバンコール（現在のケララ州）地方を旅行	インドで初の州議会選挙
一九三八	六九	秋、カーン＝アブズル＝ガファール＝カーン（国境のガンジー）とともに西北国境州を旅行。ボースと対立	ミュンヘン会談
一九三九	七〇	三月、ラージコートでサティアグラハ闘争の一部として「死にいたる断食」開始、断食は四日で終わり、総督は仲裁者を任命した。十月、各国著名士による『古稀記念	第二次世界大戦勃発

		論文集』贈られる	
一九四〇	七一	六月、会議派から除名される。十月、イギリスがインド人に第二次世界大戦について自由に意見を発表することを認めないのに反対し、言論・出版・集会の自由を要求して、個人的不服従闘争を開始。一年のうちに二万三千人投獄される	ムスリム連盟、パキスタン要求を宣言
一九四一	七二	十二月、非暴力の原則声明	独ソ開戦、大平洋戦争はじまる。
一九四二	七三	十五か月停刊の後、「ハリジャン」再刊。三月、ニューデリーでイギリスの特使サー＝スタッフォード＝クリップスと会見したが、かれの提案は「日付のおくれた手形」といわれ、結局会議派によって拒否された。八月、会議派は「クイット-インディア」の決議を採択、ガンジーも「あらゆる手段でのインド防衛」に賛成。第五次の全国的サティアグラハ闘争を決定。同九日、他の指導者やカストルバも少しおくれて逮捕され、プーナに近いアガーカーン宮殿に収容される。インド各地に反乱	八月、デサイ獄中で死す
一九四三	七四	二月（十日）、無条件釈放を要求し、アガーカーン宮殿で二十一日間の断食開始	ベンガル飢饉
一九四四	七五	二月（二十二日）、カストルバ夫人アガーカーン宮殿で死	連合軍、ノルマンジー上陸作戦成功

		す、満七十四歳。五月(六日)、健康すぐれず、無条件で釈放(これが最後の獄中生活となった。ガンジーは生涯を通じて二、三三八日を獄中で過ごした)。九月、印・回統一について、ボンベイで回教徒連盟総裁のジンナーと重要会談。十月、『生誕七十五年記念論文集』を贈られる	
一九四五年	七六歳	旅行中、プナと中央インドで二度列車爆破事件にあう	第二次世界大戦終結
一九四六	七七	三月、ニューデリーでイギリス政府使節団と会見。十一月(～一九四七年三月)印・回融和のため東ベンガル・ノアカーリの四十九の村落を歴訪	イギリス、インド独立を決定
一九四七	七八	三月、印・回融和のため、ビハール・パンジャブ地方を歴訪。ニューデリーで総督(マウントバッテン卿)およびジンナーと会見。五月、祖国をインドとパキスタンに分割することを受けいれた会議派の決定に反対。八月(十五日)、インドの分離独立に際して、独立式典に参加せず、カルカッタの暴動鎮定のため断食し、かつ祈る。九月、カルカッタの印・回暴動鎮定のため三日間の断食。同、ニューデリー訪問。暴動鎮定に努力、パンジャブ州からのヒンズー教徒・シーク教徒の難民収容所を訪問	インド、パキスタン分離独立

一九四八	七九	一月十三日、デーリで印・回融和のため五日間の断食。同二十日、デリーのビルラ邸での祈りの最中に爆弾投ぜられる。同三十日、ビルラ邸裏庭で夕べの祈りのとき、ヒンズー教極右派のヴィナヤク・N・ゴードセーによって暗殺さる。満七十八歳。二月（十二日）遺灰を聖なるガンジス川に流す	ビルマ独立
一九六八〜一九六九		ガンジー生誕百年祭、インドおよび世界の各地で行なわれる	

〔付記〕　年譜のガンジーの項は、それぞれ拙著『ガンジー』（誠文堂新光社版）『ガンジー』（旺文社版）の年譜・年表をもとにし、さらに具体的事項については、Homer A. Jack; The Gandhi Reader の末尾にある Chronology of Gandhi's Life（五一一〜五一七ページ）によった。

参考文献

『ガンジー』 ルイス・フィッシャー 古賀勝郎訳 紀伊国屋書店 昭和43
(Louis Fischer, The Life of Mahatma Gandhi, London, 1951)

『ガンジー・ネルー』(世界大思想全集 22) 大山・坂本・大類編訳 河出書房 昭和37

『自叙伝』(世界の名著 63) ガンジー 蠟山芳郎編訳 中央公論社 昭和42
(Gandhi, Autobiography, Washington, 1954)

『ガンジー主義』(岩波新書) ナンブーディリパード 大形孝平訳 岩波書店 昭和35
(E. M. S. Namboodiripad, The Mahatma and the Ism, New Delhi, 1959)

『ガンジーは叫ぶ』 福永渙著訳 アルス 昭和5

『レーニンとガンジー』 福永渙訳 アルス 昭和5

『マハートマ・ガンジー』(岩波新書) 蠟山芳郎 岩波書店 昭和25

『若き日のガンジー』 山下幸雄 雄渾社 昭和41

『ガンジー』 坂本徳松 日本評論社 昭和19

『ガンジー』 坂本徳松 誠文堂新光社 昭和36

『ガンジー』 坂本徳松 旺文社 昭和41

ed. Homer A. Jack, The Gandhi Reader
—— a source book of his life and writings ——
Bloomington, 1956

Young India. (Copies bound together) Madras.

雑誌『思 想』(ガンジー特集号)(四月) 昭和32

雑誌『サルボダヤ』(日印サルボダヤ交友会) など

さ く い ん

〔人名・地名〕

〔事項〕

—完—

ガンジー■人と思想28　　定価はカバーに表示

1969年9月30日　第1刷発行©
2015年9月10日　新装版第1刷発行©

・著　者　……………………………坂本《さかもと》　徳松《とくまつ》
・発行者　……………………………渡部　哲治
・印刷所　………………………法規書籍印刷株式会社
・発行所　………………………株式会社　清水書院

検印省略
落丁本・乱丁本は
おとりかえします。

〒102-0072　東京都千代田区飯田橋3-11-6
Tel・03(5213)7151～7
振替口座・00130-3-5283
http://www.shimizushoin.co.jp

CenturyBooks

Printed in Japan
ISBN978-4-389-42028-4

CenturyBooks

清水書院の〝センチュリーブックス〟発刊のことば

近年の科学技術の発達は、まことに目覚ましいものがあります。月世界への旅行も、近い将来のこととして、夢ではなくなりました。しかし、一方、人間性は疎外され、文化も、商品化されようとしていることも、否定できません。

いま、人間性の回復をはかり、先人の遺した偉大な文化を継承して、高貴な精神の城を守り、明日への創造に資することは、今世紀に生きる私たちの、重大な責務であると信じます。

私たちがここに、「センチュリーブックス」を刊行いたしますのは、人間形成期にある学生・生徒の諸君、職場にある若い世代に精神の糧を提供し、この責任の一端を果たしたいためであります。

ここに読者諸氏の豊かな人間性を讃えつつご愛読を願います。

一九六七年

清水雄山

SHIMIZU SHOIN